KB217149

각

覺

如眞

김웅규

박영사

들어가며

오래전부터 모든 것에 대하여 열정이 점점 사라지고 삶에 대한 방향이 없어진 상태가 지속되어 오고 있었습니다.

나는 왜 이리 부족하고 부족한가

태어나고 죽음이 무엇인가.

이 삶의 정체는 무엇인가.

근원적인 질문에 대한 답을 찾기 위한 여정은 불경과 명상관련 서적들 읽기로 시작되었습니다. 몇십 년을 학문의 길에서 지내왔었기 때문에 책에 대한 믿음은 확고하였습니다. 금강경을 비롯하여 각종 선어록과 관련 서적을 수없이 읽고 참구하였습니다.

머릿속에서는 읽었던 수많은 글들이 해석되고 조합되고 때로는 변형되며 진실에 대한 접근을 시도하고 또 시도하였습니다.

그러나 수년간의 탐독에도 불구하고 그 비밀의 문은 내게 열리지 않았습니다.

아니 문고리조차도 보이지 않는 느낌이었습니다.

겉돌고 겉돌았습니다.

글들은 글로만 남아 있었고 몸과 마음에 와닿지 않았습니다.

무엇이 문제인가.

많은 선지식들이 알게 된 그 진실은 도대체 어떤 경로로 밝혀졌단 말인가.

선사들이 이르길 "세수하다 코 만지는 것보다 쉽다"는 그 깨달음은 어떻게 얻을 수 있단 말인가.

책에 대한 이해능력을 과신했던 결과물은 참담하였습니다.
그렇게 읽었는데도 깨달음은 요원하기만 하였습니다.

그러던 어느 날 대학선배로부터 야청 황정원 선생님을 소개받게 되었습니다. 그냥 뵙기는 실례라고 생각되어 유튜브에서 방영되는 그분의 능엄경강의를 전부 듣고 난 후 전화를 드렸습니다.

모 언론사 로비에 있는 카페에서 3시간가량 말씀을 들은 후 공부의 맥이 어느 정도 잡히는 느낌이 들었고, 무엇보다도 수렁에서 약간 빛이 보인다는 희망이 마음속을 스쳐갔습니다.

능엄경을 비롯하여 읽었던 책을 다시 정독해 가면서 유튜브방송에서 방영되는 범어사 지유 스님의 법문들과 경봉 스님, 해안 스님, 백봉 김기추거사, 김태완 선생, 김기태 선생, 벽공 선생, 몽지 선생, 릴라 선생, 그리고 홍익학당의 윤홍식 선생, 법상 스님 등의 법문을 지속적으로 들었고 그 분들의 책도 가급적 읽어내려갔습니다.

절박하였습니다.
비밀의 문자락의 냄새라도 맡고 싶었습니다.
이 생에 다하지 못한다 해도 다음 생을 위하여 그 실마리나마 나의 근기에 씨앗을 뿌리고 싶은 심정이었습니다.

깨달음의 언저리라도 갈 수 있을까?

이 책은 아무리 보아도 구업(口業)임이 분명합니다.

그럼에도 불구하고 글을 써내려 왔던 이유는, 깨달음에 이르는 길 없는 길들이 분명히 존재하며, 깨달음은 삶의 근원적인 물음에 대한 대답을 제공할 것이라는 믿음에서 비롯하였습니다.

그리고 무명에 사로잡혀 살아가는 이들에게, 언젠가 부딪칠 삶에 대한 근본적 의문에 대한 명확한 답을 남기고 싶은 작은 소망이 있었습니다.

수십 년 보림(保任)[1]을 거치고 있는 선지식들에게 무한한 경의를 표합니다.

그 분들의 소리없는 질책을 감당하는 것도 또한 업(業)이 될 것입이다.

마지막으로 감당하지 못할 업을 짓고 또 짓는 부족한 사람을 한없이 보듬는 如花菩薩에게 진심으로 감사드립니다.

거사가 죽비를 들었다.
손바닥에 탁 쳤다.
죽비소리가 생겨나고 사라짐이 보였다.

2021년 모월 모일
如眞

---

1) 깨달음 이후의 수행을 말한다. 보호임지(保護任持)의 줄임말이며 보림이라고 읽는다. 보조국사 지눌이 '수심결'에서 강조하였던 바 깨달음은 시작이고 보림이 실질적 수행이다. 보림이 필요하다면 아직 완전한 깨달음이 아니라고 보는 견해도 있다. 깨닫고 보면 깨달음도 환상이기에 보림도 환상이라 할 수 있지만, 깨닫고도 중생의 옷은 여전히 입고 살아가기에, 옷은 더 이상 옷이 아님을 알면서 '옷'을 벗어가는 과정으로 이해하면 족하다. 알고보면 보림도 없다.

일러두기

이 책은 신비한 현상을 기대하는 구도자에게는 전혀 어울리지 않는 글입니다.

진리란 무엇인가에 대한 실마리를 찾고자 하는 사람, 존재하는 듯하게 보이는 이 세상에서 확연한 진리를 알고 생로병사에 시달리지 않으며 유희삼매 속에서 살아가고자 하는 사람에게 티끌만큼의 도움을 드리고 싶은 염원이라는 망상에서 쓰여진 글입니다.

이 책은 불교나 선에 대한 지식을 단순히 전달하고자 하는 것도 아니고, 여러 주제에 대한 논쟁을 불러일으키고자 하는 의도는 전혀 없습니다.

모든 내용은 언제인지 알 수 없는 그때부터 내려온 진실에서 나온 것이며, 고승과 선사 그리고 현재 살고 있는 지구상의 선지식들의 글과 법문에서 비롯되었습니다.

저자만의 오롯한 생각과 말은 전혀 없음을 미리 밝혀두고자 합니다.

한 가지 더 꼭 덧붙이자면, 이 책에서 언급하는 깨달음, 알아차림, 마음, 무아, 공, 연기, 찰나, 불성, 이것, 여기, 열반, 받아들임 등은 모두 다 하나아닌 하나[1]를 가리킨다는 것입니다.

---

1) 하나아닌 하나는 비교할 대상이 없다는 것을 의미한다. 하나만 존재한다면 없는 것과 같다. 언급한 용어는 모두 같은 것을 지칭한다. 달을 가리키는 손가락이다.

목 차

제1장 깨달음(覺) / 1

제2장 마 음 / 47

제3장 무아(無我)와 공(空) / 73

제6장 깨달음(覺) 이후 / 169

제7장 결론: 결국 아무것도 없다 / 193

제 1 장

깨달음(覺)

깨달음을 얻으려는 이유는 무엇인가요.

죽음이 가까워지니까 두려운가요.
세상에 남보다 더 큰 어려움을 겪으니 견딜 수 없는가요.
삶이 너무 뻔하게 보여서 더 신비로운 무엇이 있는가 궁금한가요.
아니면 삶이 무엇인지 몰라서 모르고 사는 것에 대한 두려움인가요.

모두가 맞는 이야기이고 있을 수 있는 질문들입니다.
인간이기에 다가오는 당연한 의문들입니다.

그러나. 깨달음은 내가 '인간이 아니라는 것'을 아는 진리에 대한
것입니다.
이때까지 살아오면서 당연히 가졌던 생각들이 무너지는 어쩌면 허
무맹랑한 이야기이기도 합니다.

그런데 정말 내가 인간이 아니라는 것이 진실이라면.

깨달음은 세속(현상계)에 사는 사람들의 상식으로 보면 바보들의 이
야기입니다.
욕해도 웃고 비웃어도 웃고 때려도 무덤덤하게 미소짓는 사람들만
의 세계입니다.

지금 이 순간 살아가고 있는 현실의 세상에서 유토피아나 천국을
원한다면 하나의 길밖에 없습니다.
바로 모두가 깨달음을 얻는 것입니다.

소승은 그나마 현실적이고
대승은 꿈꾸는 몽상가입니다.[1]

진실은 모든 것이 꿈이라는 사실입니다.
세상이 지옥으로 변하고 우주가 멸망한다 해도 모든 것이 꿈이라는
것이 진실인 것입니다.
어쩌면 진실은 가혹하다고 말할 수 있습니다.

---

1) 궁극적으로 추구하는 것은 같다고 볼 수 있지만, 대체로 소승불교는 개인의 깨
   달음을 추구하는데 중점을 두고, 대승불교는 불국토를 이루는데 주안점을 둔다
   는 인식에서 나온 말이다.

1 깨달음(覺)을 얻는다는 것

태어나서 한번도 코끼리를 보지 못한 시각장애자들이 코끼리주위에 모였습니다.

코를 만져본 한 사람이 말합니다.
"코끼리는 길죽하게 생겼구나"
배를 만져본 사람이 말합니다.
"아냐, 평평하면서 약간 둥근데"
꼬리를 만져본 사람이 말합니다.
"털도 있는데 눈과 코가 없네"
얼굴을 만져본 사람이 말합니다.
"우리보다 눈과 코와 입이 엄청나게 크네"
좀 더 조심성 있는 사람이 오랫동안 코끼리 전체를 더듬어 보고 말합니다.
"모두 틀렸네, 코끼리는 당신들이 말한 모든 것을 가졌네."

멀찍이 이 광경을 눈으로 지켜보던 사람이 말합니다.
"안타깝지만 진짜 코끼리는 말로 설명할 수 없네"

깨달음을 얻는다는 것은 '코끼리(佛性)를 본다(見性)'는 것입니다.

깨달음(覺)을 찾는 이유

영성의 시대가 시작되었다고 하지만, 삶의 근본적인 의문에 직면하는 사람은 대개 50대 이상입니다.

절에서나 교회 혹은 거사들의 법문장소에 가서 보면 신실한 신도는 나이가 드신 분들이 대부분임을 알게 됩니다.

젊은 사람들 중에서도 개인적으로 특별한 경험에서 느낀 절박함을 통하여 삶의 근본적 문제를 해결하고자 하는 이도 없지는 않으며 일찍 출가하는 사람이나 수행을 시작하는 이들이 대표적이라고 할 수 있지만 상대적으로 소수입니다.

죽음의 의미를 알고자 하기에는 죽음은 아직도 멀기만 합니다.

젊다는 것의 의미는 삶이란 늘 아름답고 무엇이든지 가질 수 있을 것 같은 희망과 연결되어 있기 때문이겠지요.

나이가 들어서 깨달음 혹은 도(道)에 관심을 가지는 이유는, 인간으로 태어나 크고 작은 다양한 경험을 거치면서 아무리 원하고 추구하여도 이룰 수 없는 일들의 실체를 몸소 느꼈다는 공통점이 있습니다.

그리도 사랑한 자식과 배우자를 마음대로 할 수 없다.

성실하게 살았는데도 돈이 모이지 않는다.

믿었던 친구에게 배신감이 든다.

몸의 한 부분이 말을 듣지 않고 심각한 병이 생긴다.

직장의 일들이 풀리지 않는다.

남들보다 돈이 많은데, 남들보다 지위가 높은데 마음은 여전히 허전하고 채워지지 않으며 괴로움과 슬픔은 변함없이 찾아온다.

결국 병들고 죽는다.

이룰 수 없는 것에 대한 갈증을 해소하고 싶은데 어느 곳에도 길은 쉽게 발견되지 않습니다.

해답을 찾으려 몸부림칩니다.

혹은 체념합니다.

이도 저도 아니면 아무 생각없이 영원한 미혹과 욕망 속에서 살아갑니다.

이 모든 일들이 생기는 이유는 누구도 인간이외의 삶을 살 수 없다는 데 있습니다.

근본적으로 불완전한 인간이라는 한계는 모두의 숙명처럼 여겨져서 넘어설 수 없다고 받아들입니다.

역사이래로 모든 점에서 완벽한 인간은 없었습니다.

훌륭한 삶을 영위한 위인들도 인간이라는 한계가 가져다주는 욕망이나 고통의 영역을 벗어나지 못하고 괴로워했던 것은 익히 알고 있는 사실입니다.

하지만 '인간이 아니라면' 계속 괴로움을 느낄까요?

몸과 마음만이 아니라, '몸과 마음 그리고 모든 세상'이 하나로서 당신이라면 절망을 느낄까요?

깨달음(覺)의 다른 표현들

진리에 목마른 구도자들은 보통 다양한 경전과 선어록 등을 우선 찾게 됩니다.

수많은 책들은 나름대로 진리를 구하기 위해 다양한 길과 방편을 제시하고 있습니다.

구도자들이 처음에 당혹스러운 것은 진리에 대한 수많은 표현들일 것입니다.

진리에 대한 깨달음은 생각이 아니며 생각과 다릅니다.

하지만 깨달음의 순간은 생각의 과정을 거쳐 이루어지는 경우도 있습니다.

그러므로 용어에 대한 이해는 우선적으로 필요한 과정입니다.

그러나 대부분 용어에 대한 이해가 확실하지 않은 채 책들을 읽어나가기에, 끝까지 의문이 풀리지 않는 상황들을 많이 겪어보았을 것입니다.

여러 경전과 선어록에서 나오는 도, 해탈, 불성, 참나, 마음, 여래, 주인공, 본래면목, 그것, 이것, 여기,[1] 열반,[2] 공적영지, 알아차림, 니

---

1) 김태완, 선으로 읽는 대승찬, 침묵의 향기, 2008, 112면 : 김태완 선생은 생각도 '여기'고, 느낌도 '여기'고, 색깔도 '여기'고, 소리도 '여기'고, 행동도 '여기'라고 표현한다. '여기'는 공간적 시간적 지점을 말하는 것이 아니다.

르바나, 순수의식, 자기, 정안, 묘심, 무진등, 무근수, 마니주, 심경, 심인, 심월, 니우(泥牛), 순수의식(Pure Conciousness), Oneness, Fullness, Enlightment, Awareness, Stillness 등은 모두 깨달음 혹은 깨달음의 상태를 가리킵니다.[3]

하지만 이렇게 다양한 용어들 중 어느 것도 깨달음 자체를 완벽하게 표현하지 못합니다.

단지 달을 가리키는 손가락일 뿐입니다.

가능성은 거의 없지만 용어 한마디에 깨달을 수도 있습니다.

위에서 본 깨달음에 관한 다양한 표현들을 표면적으로 두 가지의 카테고리로 정리하자면, 참나·자기·주인옹 등과 같이 주관성을 가지는 듯한 표현들과 객관성을 가지고 있는 듯한 나머지 표현들로 대략 나눌 수 있습니다.

공통적인 점은 모든 표현은 언어로서 그 한계를 가지고 있다는 사실이지요.

언어가 가지고 있는 주관성이나 객관성을 '의식'하고 받아들이는 한 깨달음을 완벽하게 표현한다는 것은 불가능한 일입니다.

깨닫기 전에, 깨달음에 대한 표현 자체에 매몰되지 않기를 바랍니다.

---

2) 열반의 원뜻은 (번뇌의 불꽃)을 꺼버리는 것이다. 정말로 불이 꺼진 것처럼 이때 대상과 관찰, 즉 끊임없이 일어나는 현상의 인지가 없어져 버린다. 현상의 인지가 없는데 '경험'이 있다는 것은 이해하기 어려우므로 추론의 영역을 넘어선 것이다. 우오가와 유지, 깨달음의 재발견, 조계종출판사, 2015, 203면.

3) 경과 선어록에 나오는 깨달음에 대한 다양한 용어는 보조 지눌의 「진심직설」에서 잘 설명하고 있다(혜암현문, 묘봉, 선문촬요, 북채널, 2013. 1. 12.). 영어로 된 용어는 외국선사들의 책들에서 표현되는 것들이다. 이 책에서도 위의 용어들은 같은 의미로 쓰이고 있음을 말씀드린다.

예를 들어 본다면 '참나'라는 용어의 표현에서 오는 개념적 혼란입니다.

'참나'는 깨달음의 상태이고 '초월적 나'를 말하며 개별적·주관적 나(개아)와는 다릅니다.

'초월적 나'에서 '나'는 전체인 일원상입니다.

해탈[4]의 경지의 다른 표현이기도 합니다.

알고 보면, 개별적 나도 초월적 나 즉 '참나'의 일부분이며, '참나'라는 바다에서 피어나는 물안개입니다.

그러나 '초월적 나'는 현상계에서 언어적 정의를 내릴 수 있는 정체성을 가진 존재가 아닙니다.

'나'라는 인칭대명사는 부득이 붙인 이름일 뿐, 개별적 나와 '같은 속성'을 가진 더 큰 존재라는 의미가 아닙니다.

참나라고 하지만 인간으로서의 개별적 나와는 차원이 다르기에 주관적이지 않습니다.

이것은 인식되는 생물, 무생물과도 다르며 '나'와 상대되는 대상이 아니기에 객관적이지도 않습니다.

그러므로 참나는 무아(無我)와도 뜻이 부딪치지 않습니다.

---

4) 멸, 적멸, 니르바나 등으로 표현되기도 하며, 깨달음에 이른 경지를 말한다.

깨달음(覺)의 정의

깨달음은 구체적으로 두 가지의 경우로 나눌 수 있습니다.

첫째, 깨달음은 '인식의 전환'이라는 깨어남[1]의 경험을 말합니다.

우리의 본래모습(본래면목)의 인식에 대한 첫 경험이며, 이를 견성(見性)이라고 합니다.

이러한 견성의 경험은 구도자들마다 다른 모습으로 나타납니다.

황홀한 빛의 세계, 밑이 빠지는 시원함, 우주와의 합일상태, 자아의 소멸, 전지전능한 자가 된 느낌 등.

어떤 구도자는 자기도 모르게 '어'하며 깨어남을 무미건조하게 때론 어이없게 경험하기도 합니다.

구도의 기간이 길었던 분들은 견성의 경험이 강하게 나타나는 경우가 많습니다.

그만큼 간절했던 것이지요.

이러한 깨어남의 경험은 아주 다양하게 나타나기 때문에 어떤 특별하고도 생소한 느낌이나 현상을 동일하게 경험해야 한다는 생각은 착각입니다.

저 자신도 우주와의 합일감이 온 순간이 어떤 경험보다도 생소하고

---

1) 아디야 산티, 깨어남에서 깨달음까지, 정신세계사, 2011. 2. 11.

특이하여 그 순간을 지속하고 잃지 않기 위하여 억지로 애쓴 적이 있습니다.

그러나 그러한 생각과 느낌은 절대 지속되지 않습니다.

애석하게도 견성에 대한 어떠한 느낌이나 상태가 지속된다는 것은 아직 진정한 깨달음의 순간을 가지지 못했다는 것을 나타낼 따름입니다.

깨어남의 경험은 '인식의 전환의 순간'이며 '인식의 전환상태'로 이어져야 하고, 깨어남의 경험자체에 머무는 것은 또 다른 망상에 대한 집착입니다.

어쨌든 특이한 경험은 결국 사라지고 환상이라는 점을 명심해야 됩니다.

둘째, 깨달음은 경험뿐만이 아니라 일종의 '인식이 전환된 상태[2]'를 말합니다.

첫 번째 인식의 전환이라는 깨어남(견성)의 순간적 현상적 경험은 당연히 사라집니다.

깨닫고 보니 깨어남의 경험이라는 것도 망상이었다는 점을 자연스럽게 알게 됩니다.

여기서 무엇보다도 분명하게 짚고 넘어가야 하는 것은 A지점(깨닫기 전의 상태)의 '인식'과 B지점(깨달은 이후의 상태)의 '인식'은 철저하게 다른 의미입니다.

또한 A지점과 B지점은 다르면서도 같습니다.

마치 0도와 360와 같습니다.

---

2) 사실 '상태'라는 말도 적절한 용어는 아니다. 깨달음의 경지는 어떠한 언어로도 완벽하게 표현될 수 없다. 대상만을 표현하는 언어의 한계 때문이다. 깨달음의 경지는 '대상'이 아니고 주체와 대상을 모두 포함하는 것이기에 언어로 표현할 수가 없다. 그래서 다양한 방편들이나 팔만사천이나 되는 불경이 존재하는 것이다.

이 부분이 명확하지 않으면 깨달음은 아직 오지 않은 것이지요.

A지점의 '인식'은 오온(五蘊)[3]의 구성요소 중의 '수상행식(受想行識)'을 의미하고 우리가 일상적 언어로 사용하는 의식입니다.

흔히 육식(六識)[4]을 의미하며 말나식, 아뢰야식[5]도 깨닫기 전의 인식 또는 의식이라 할 수 있습니다.

B지점의 '인식'은 어떠한 인위적인 노력도 필요없는 무위(無爲)의 '앎'을 말합니다.

B지점의 '인식'은 A지점의 인식을 포함하고 있습니다.

하지만 애석하게도 구별할 수는 없습니다.

이러한 '앎'은 누구나 일상생활에서 사용하고 있지만 공기와 같은 것이기에 자각하지 못하고 있을 뿐입니다.

깨달음은 이러한 '앎'의 상태가 본래의 '나'의 정체라는 것을 명확하게 체화하고 그 속에서 살아간다는 데 있습니다.

B지점을 가리키는 용어는 다양합니다.

분명한 사실은 어떠한 용어나 언어로도 B지점을 적합하게 표현할 수 없다는 것입니다.

모든 표현은 일종의 시그날로 인식하면 족하다고 볼 수 있지요.

궁극에 있어서는 깨달음도 없는 것입니다.

오랜시간 동안의 수행을 거쳐 깨닫고 보니 원점으로 회귀하였다는 장탄사가 절로 이해되는 경지입니다.

수십 년 수행 끝에 깨닫고 집에 돌아와보니 빈털터리였다는 표현이 확연히 가슴에 와 닿게 됩니다.

---

3) 물질과 정신의 다섯 가지 무더기를 말하며 세상을 구성하는 요소들이다.
4) 안식, 이식, 비식, 설식, 신식, 의식을 말한다.
5) 6식이나 7식 말나식(자아의식), 8식 아뢰야식은 깨달음을 통하면 참나로 바뀐다. 방편상 제9식인 백정식을 구분하는 경우도 있다.

이 시점(B지점)부터 중요한 것은 '보림'입니다.

깨닫고 보면 A지점의 인식상태는 전도몽상이었고 B지점의 인식상태는 부처의 인식이자 상태임을 절로 알게 됩니다.

'보림'은 A지점에서 B지점으로 인식이 전환된 후[6] B지점의 인식이 남은 삶을 완전하게 지배하는 과정의 전개입니다.

어쩌면 완전한 깨달음의 실천과 실현은 세속에서는 보기 힘들 것입니다.

과거에는 견성의 중요성만 강조하였지 견성 이후 보림의 과정을 이야기하는 분과 문헌들은 드물었습니다.

견성하고 얼마 있지 않아 세속의 행태로 회귀하는 분들이 적지 않습니다.

그렇다고 옳다 그르다 하는 것은 아닙니다.

다만 견성뿐만 아니라 어쩌면 보림의 기간이 사실 깨달음의 정수라고 말하고 싶을 따름입니다.

보조국사 지눌이나 아디야 산티는 '보림'의 과정과 중요성을 전하고 있는 선지식이라고 할 수 있습니다.

국내에서도 몽지나 릴라 선생 등 여러 선각들이 법문을 통하여 보림의 중요성을 전달하려고 애쓰고 있습니다.

물론 언급한 선지식들 외에도 훌륭한 법문을 행하는 분들이 있음은 부정할 수 없는 사실입니다.

좋은 법의 인연을 만나시길 진심으로 기원합니다.

---

6) A와 B지점을 이해상 구별하였지만 다른 것이 아니다.

생각도 아니다.

대상도 아니다.

주관도 객관도 아니다.

이 뭣꼬?

도(道)를 깨치는 것은 세수하다 코 만지기보다 쉽다.[7]

---

7) 옛 선사들의 말씀이지만 범어사 금정총림방장 지유 스님께서 법문 중 자주 인용
하고 있다. 유튜브방송 지유 스님 범어사 결·해제 법문 참조.

5 돈오돈수(頓悟頓修)와 돈오점수(頓悟漸修)

불교계에서 유명한 논쟁의 주제중 하나가 '돈오돈수(頓悟頓修)와 돈오점수(頓悟漸修)'입니다.

돈오돈수는 찰나에 깨달아 부처가 되어 더는 수행할 것이 없다는 견해입니다.

돈오점수는 깨달음의 경지에 이른 뒤에는 반드시 점진적 수행 즉 보림이 필요하다는 견해입니다.

성철 스님의 외침으로 유명한 돈오돈수의 견해를 철저하게 따르게 되면 보림은 필요가 없게 됩니다.

이론적으로 보면 각 견해가 일응 타당하다고 볼 수 있지만, 실제적으로는 불법을 받을 수 있는 능력인 근기(根機)에 따라 다르다고 볼 수 있습니다.

한번 깨치고 지혜와 자비가 부처와 같이 된다면 얼마나 복덕과 수행을 쌓은 인간일까요.

안타깝게도 그러한 사람은 고타마 싯다르타와 예수와 같은 일부를 제외하고 별로 없습니다.

'돈오'는 일원상인 절대계를 바라보지만 우리는 분별이 적용되는 현상계에 몸담고 있습니다.

'점수'는 이러한 현상계에서 깨달음의 경지를 구현하는 것입니다.

깨달았다고 해서 절대계의 세계에서 바로 살아가는 것이 아닙니다.

오랜 명상과 수행 끝에 지복을 맛보고 계속 그런 상태나 세상을 추구하는 경우가 있는데 시간이 지나면 다시 현상계로 돌아옵니다.

깨달은 상태와 현실을 왔다 갔다 한다는 것은 사실 온전한 깨달음을 얻은 것이 아닙니다.

깨달음은 절대계와 현상계가 둘이 아니라는 것을 알게 되는 것이지요.

절대계 속에 있으면서 또한 현상계에 있는 것입니다.

그러므로 무의식이든 의식이든 오래된 '습기'[1]를 제거하는 훈습(薰習)의 과정 즉 점수가 이행되는 것입니다.

물론 제거하는 것이 목적이나 당위(마땅히 그리하여야 함) 자체는 분명히 아닙니다.

임제 스님은 "그대가 우선 곳곳에서 주인이 되고 서 있는 곳이 모두 참되면, 경계가 다가와도 바뀔 수 없으니, 비록 이전부터 익혀 온 '습기'와 오무간업(지옥에 떨어질 다섯 가지 큰 죄)이 있더라도 저절로 해탈의 큰 바다가 된다"고 하였습니다.[2]

습기는 그저 순리대로 서서히 혹은 빠르게 제거됩니다.

완전한 깨달음 즉, 절대성의 세계에서 본다면 무오무수(無悟無修)입니다.

깨어남도 환상같은 생각이었고 습기도 환영이었고, 닦되 닦을 것이 본래 없다는 것이지요.

---

1) 습기는 카르마라고도 표현되며 전생과 현생동안 쌓여진 생각·감정·오감의 덩어리를 말하는 것이다. 습관같은 것이다.
2) 김태완, 임제어록, 침묵의 향기, 2018, 147-148면.

6 직각지(直覺知)

고타마 싯다르타의 '깨달음'은 추론과 사고가 진행된 결과 서서히 이루어지게 되는 개념적인 분별지(分別知)가 아니라, 순간적으로 일어나는 실존 모습자체의 결정적인 확인, 즉 직각지(直覺知)입니다.[3]

깨달음은 광범위한 독서와 깊은 사유의 방법으로 이루어지는 결과물이 아닙니다.

독서와 사유의 방편적인 역할은 완전히 부정할 수 없지만, 깨달음의 순간은 생각을 벗어나야 이루어지기에 독서와 사유는 자칫 독이 될 수 있음을 알아야 합니다.

깨달음에 필요한 발심, 분심, 의심[4] 어느 것도 지식과는 무관합니다.

영가 스님은 증도가에서 "나는 일찍부터 학문을 많이 쌓아서 소초도 찾고 경론도 찾아 헤맸네. 이름과 모양 분별하기를 쉴 줄 모르고 바다에 들어가서 모래를 헤아리듯 헛되이 스스로 피로할 뿐이었네"라고 하였습니다.[5]

---

3) 우오가와 유지, 깨달음의 재발견, 조계종출판사, 2017 3. 27, 177면.
4) 깨달음에 필요한 마음자세를 말한다. 꼭 깨달음을 얻겠다는 발심, 어려워도 용맹 정진하는 분심, 깨달음이 무엇인가 하고 온통 마음을 하나로 집중하는 의심이다.
5) 무비강설, 무비 스님의 증도가강의, 조계종출판사, 2014, 311면 : 吾早年來積學 問 亦曾討疏尋經論 分別名相不知休 入海算沙徒自困(오조연래적학문 역증토소심 경론 분별명상부지휴 입해산사도자곤)

천목중봉 스님은 "상대의 말을 이해했다고 해서 그것이 진정으로 깨달은 것이라고 말하면 안된다는 점을 알아야 한다"라고 하였습니다.[6]

깨달으면 1700공안이 한번에 뚫린다는 말[7]은 허언이 아닙니다.

깨달음은 독서와 사유를 통한 이해와 지식이 아니라는 점을 분명히 나타내는 말입니다.

선지식들은 깨달음 '이후' 보림의 과정으로 '무위(無爲)' 속에서[8] 불경이나 선어록 읽기를 권장합니다.

불경이나 선어록을 읽는 것은 깨닫기 전에 그리 유용한 방편이 아니라는 얘기지요.

깨달음은 순간적으로 찾아옵니다.

빛을 돌이켜 자신을 보라는 회광반조(回光返照)는 저쪽 대상에서 이쪽 대상을 보라는 상대적 의미가 아닙니다.

인식을 전환하라는 것입니다.

구체적 사물이나 행위 그리고 생각에 주의를 기울이는 것에 익숙해져 있던 인식체계에서 주의를 기울이는 '나'에게로 주의를 돌리라는 말입니다.

---

6) 천목중봉(원택감 역), 천목중봉 스님의 산방야화 '선을 묻는 이에게', 장경각, 2017, 57면.
7) 공안은 간화선을 위하여 새로이 만들어진 것이 아니다. 공안의 이야기는 스승이 제자를 곧바로 깨달음으로 인도하기 위한 방편의 이야기들이다. 그러므로 당시의 시대적 상황과 이야기를 주고받는 개별적 환경 그리고 사용되던 속어의 의미가 그대로 전해져야 온전히 이해될 수 있다. 물론 그 의미는 모두 손가락(공안그 자체)가 아니라 달(깨달음의 경지)을 가리킨다.
8) 무위의 행을 하라는 것이 아니라 무위 그 자체 속에 늘 있음을 의미한다.

보라는 것도 어폐가 있지만, 모든 것을 하나로 바라보라는 것입니다.
보는 나를 돌이켜 보라는 것입니다.

내가 있고 저것이 있다는 상대성의 세계에서 벗어나 이것저것이 구별없이 하나로 존재하는 절대성의 세계로 들어가라는 것입니다.
'들어간다'는 의지적 행위를 말하는 것이 아닙니다.
'들어간다'가 아니라 '들어와 있음'을 '각(覺)'하는 것입니다.

어렵다면 어렵고 쉽다면 너무도 쉽습니다.
책을 바라보다 시야를 차츰차츰 넓혀보세요.
될 수 있는 한 시야가 닿는 데까지.
방안에서는 방 전체가 눈에 들어오고, 산 정상에서는 하늘과 땅 허공 모두가 한 시야에 들어옵니다.
'눈앞' 그 모두가 마음이고 불성이고 참나이고 깨달음의 세계임을 각(覺)하는 것입니다.
김태완 선생은 "눈앞이라는 것은 우리의 육체적인 눈앞은 아닙니다. 눈을 뜨는 것이 눈앞이고, 눈을 감는 것이 눈앞이고, 보는 것이 눈앞이고, 듣는 것이 눈앞이고, 느끼는 것이 눈앞이고, 생각하는 것이 눈앞입니다"고 하였습니다.[9]
단지 너무도 익숙하지 않았을 따름입니다.

"어. 몸과 생각 · 감정 · 오감도, 눈앞에 보이는 모든 사물도 이 속에 다 있네.
모두가 하나이네.
과거도 현재도 미래도 여기에 다 이루어지네.

---

9) 김태완, 선으로 읽는 대승찬, 침묵의 향기, 2008, 33면.

죽을 수도 없네.

이름조차 붙일 수 없고, 모양도 소리도 느낌도 없는 이것 밖에 없네."

7 깨달음(覺)의 어려움

어린 아이들은 화면 속의 동화이야기에 불쑥 몰입하는 것이 쉽습니다.

어른들에 비해서 아직 개별적 자기(自己)에 느슨하게 갇혀있기 때문입니다.

어린 아이들은 금방 왕자와 공주가 되고 사자가 됩니다.

꿈과 현실의 구분도 어른들에 비하여 모호합니다.

그렇지만 3살 즈음에서 시작된 분별심은, 현상계(세속)의 교육이 체계적으로 시작되는 초등학교에 들어서면서 점점 심화되어 갑니다.

산타클로스는 아버지나 할아버지이고, 세상은 개별적 나와 다른 타인과의 경쟁이며, 돈이란 것이 무척 중요하다는 것을 배워갑니다.

고립의 정점으로 열심히 나아갑니다.

이렇게 되면 필연적으로 따르는 것이 고립된 섬같은 고독입니다.

탐진치(貪瞋癡)라는 번뇌는 더더욱 커져갑니다.

즐거운 일도 있지만 괴로운 일이 더 많음을 경험하면서 드디어 삶이란 무엇인가 하는 무거움에 부딪치게 됩니다.

세속적 이해를 돕는 '분별'이 고립을 가져오고 탐진치를 만들어내는 것입니다.

깨달음이 어려운 것은 분별하는 자아가 강화되었기 때문입니다.

어릴적 느슨했던 나와 타인, 나와 사물이라는 경계가 날카롭고 단단한 철조망으로 전환되었기 때문입니다.

이것이 좋고 저것이 좋고 이것이 유리하고 저것이 불리하다는 분별의 판단에 너무 익숙해져 있기 때문입니다.

깨달음은 분별이 없는 세계를 문득 아는 것입니다.

분별하는 생각이 없는 세계를 아는 것입니다.

고타마 싯다르타는 "이 법은 비유로써 설명할 수 없나니 왜냐하면 마음과 지혜의 길이 끊어져서 헤아리고 생각할 수 없음이라, 사량분별은 깨달음의 장애일 뿐이다"라고 하였습니다.[1]

황벽선사도 "생각을 쉬고 헤아림(분별)을 잊으면 부처는 저절로 앞에 나타난다"고 하였습니다.[2]

눈앞에 현존하는 세상이 바로 부처이고 참나이고 불성입니다.

혜능선사도 "불사선 불사악(不思善 不思惡)"이라 하였습니다.[3]

선(善)도 악(惡)도 생각하지 말라는 뜻은 시비를 따지지 말고, 이런 저런 생각도 하지 말라는 것입니다.

그러한 시비에 집착하지 않고 그 시비가 일어나고 있는 곳만 보라는 것입니다.

제프 포스터는 "가장 깊은 받아들임(깨달음)은 이루기 위해 노력할 수 있는 문제가 아닙니다. 모든 낱낱의 경험에서 그것을 인식하고 보고 알아차리는 문제입니다. 당신은 이 가장 깊은 받아들임을 이룰 필

---

1) 대혜종고(무비역해), 이것이 간화선이다, 민족사, 2013, 307면.
2) 김태완, 황벽어록, 침묵의 향기, 2013. 8. 17, 21면: 息念忘慮. 佛自現前.
3) 묘봉, 육조단경 선해(e-book), 비움과 소통, 2012, 87면.

요가 없습니다. 왜냐하면 가장 깊은 받아들임은 이미 늘 일어나고 있던 일이며, 우리에게 남은 일은 지금 이순간 그리고 모든 순간 이 받아들임이 이미 일어나고 있음을 그저 노력없이 '알아차리는' 것이 전부이기 때문입니다"라고 하였습니다.[4]

생각(분별)하지 않을 때도, 나를 포함한 저절로 돌아가는 눈앞의 세상이 모두 바로 부처이고 원래의 나임을 알아차려야 합니다.

---

4) 제프 포스터, 가장 깊은 받아들임, 침묵의 향기, 2019, 81면.

8 깨어남의 체험

깨달음의 단계라고 할 것까지는 없지만 깨달음이라는 절대계의 입문일 수 있는 첫 순간이 있습니다.

바로 '깨어남'이며 깨달음의 체험을 말합니다.

'견성(見性)'이라고도 합니다.

누구나 가지고 있는 본래의 성품인 참나를 만난 것입니다.

십우도의 '견우(見牛)'의 단계이지요.[5]

친구들과 술래잡기 놀이에 시간가는 줄 모르고 빠져있던 어린 시절 해질 무렵이었습니다.

집엔 가기 싫고 이 순간이 영원하면 얼마나 좋을까 하고 생각했습니다.

문득 눈앞에 보이는 친구들과 골목이 세상 전부가 아닌가 하는 느낌이 확 들었습니다.

내 눈앞이 세상이고 내 눈앞을 벗어나지 못하고 있으며 심지어 나도 내 눈앞을 영원히 벗어나지 못하리라는 이상한 감정에 사로잡혀 있었습니다.

그랬던 것입니다.

누구에게나 일어날 수 있었고 일어났던 것처럼, 나도 참나인 성품

---

5) 십우도의 단계에 대한 해석도 여러 가지이므로 저자의 생각임을 밝힌다.

의 맛을 불현듯 살짝 느꼈던 것입니다.

　다만 일시적이었고 삶에 아무런 영향을 주지 않았기에 그냥 흘려보
냈을 뿐이었습니다.

　세상이 주는 울긋불긋한 현실적인 자극들에 비하면 참으로 보잘 것
없는 경험이었지요.

　세상이 가져다주는 모든 것에 대한 회의가 물밀듯이 오던 시기가
나에게도 오게 되었습니다.

　끊임없이 불경과 선어록들을 사서 읽었습니다.

　책드는 것이나 책보는 것에 어려움이 들기 시작한 나이기에 온라인
으로도 E-Book을 다운받아 낮이나 밤이나 누워서도 앉아서도 핸드
폰이나 책들을 손에 놓지 않았습니다.

　그리고 유튜브를 통하여 이름난 거사나 스님의 법문도 빼놓지 않고
들었습니다.

　법문을 듣던 어느날, 거사가 손에 들고 있던 죽비로 손바닥을 친
순간, '딱'하는 죽비소리가 내 눈앞에서 생겨나고 사라짐을 보았습니다.

　아. 소리가 예전처럼 멀리멀리 떠난 것이 아니라 내 마음안에서 나
고 지고 하였던 것이었습니다.

　소리뿐만 아니라 색깔, 모양, 생각, 감정, 느낌도 내 마음안에서 나
고 지고 하였던 것이었습니다.

　깨어남과 깨어남의 지속인 깨달음은 현상계의 입장에서는 구별됩
니다.

　물론 절대계에서는 그런 구분자체가 없고, 깨어남이나 깨달음이란
자체도 결국 경계의 일종입니다.

　깨달았지만, 현상계에서의 깨달음의 지속과 심화를 위한 수행아닌
수행은 여전히 필요합니다.

에고인 내가 수행하는 것이 아니고 참나의 현현이 생생해지도록 참나의 정체성에 계합되어가는 끝이 없는 보림의 과정이 남아있습니다.

불교의 보살행이 그러한 예입니다.

보살은 보시해도 보시한 바가 없고, 지계해도 계율을 지킨 바 없고, 인욕해도 갈애를 일으킨 바가 없습니다.

왜냐하면 행하는 주체인 '나'가 없기 때문이지요.

참나는 늘 그대로이지만 참나에 머무를수록 팔정도(八正道)[6]는 새록새록 일어납니다.

엄밀히 말하자면 팔정도는 의지로 행하는 것이 아닙니다.

의지로 팔정도를 행하는 것은 유위의 행으로서 견성이 아직 오지 않았다는 것입니다.

견성을 하면 정견입니다.

정견이 되면 정사·정어·정업·정명·정념·정정진·정정이 절로 익어갑니다.

---

6) 정견(正見)·정사유(正思惟)·정어(正語)·정업(正業)·정명(正命)·정념(正念)·정정진(正精進)·정정(正定)을 말한다. 일반적으로 사성제(네 가지의 성스러운 진리: 苦集滅道) 중 道諦의 구체적인 내용이라고도 한다.

9 참나찾기

깨달음을 얻기 위해서 수많은 경전과 선어록 그리고 법문에서는 다양한 방편을 제시하고 있습니다. 깨달음이란 산정상은 한 곳인데 길은 많기에 혼란스러움은 무시못할 장애가 됩니다.

깨달음을 위한 방편들의 공통점이 하나 있습니다.

깨달음의 상태인 참나가 아닌 것들을 제외한다는 점입니다.

참나는 모양도 없어 가질 수 없으며 현상계에서 파악할 수 없기에 적극적으로 찾는 것은 모두 실패합니다.

그러므로 하나하나 참나가 아닌 것들을 배제하는 방편을 취할 수 있습니다.[1]

가장 먼저 버려야[2] 할 것이 생각입니다.

생각만 없으면 해탈이라고 많은 선사들이 강조합니다.

머릿속에 떠오른 대부분의 상념(想念)은 생각입니다.

화두, 염불, 호흡관찰, 사마타 등 모든 수행방법은 생각없애기 혹은

---

1) 힌두교에 네티(부정)수행법이 있다. 마음에서 일어나는 모든 상들을 부정(네티)하는 것이다. 그러면 존재중심에 이르는데 그것마저 부정(네티)하면 참나에 이르게 된다.

2) '버린다'는 단어가 적절한 것은 아니다. 버리는 주체가 있음을 암시하기 때문이다. 나중에는 버리는 주체가 없다는 것을 알게 되지만, 집착을 없앤다 혹은 무시한다는 의미로 일단 받아들였으면 한다.

생각바라보기를 이루어 참나를 드러내는 것입니다.

생각을 없애는 이유는 모든 생각이 실체없는 환상이기 때문입니다.

진리가 아닌데 생각에 머물 필요가 없습니다.

두 번째로 버려야 할 것이 감정입니다.

감정의 종류는 다양하나 탐(貪)과 진(瞋)3)이 대표적입니다.

탐과 진은 생각을 바탕으로 일어나기에 생각을 없애면 탐과 진은 거의 일어나지 않습니다.

세 번째로 버려야 할 것은 느낌 즉 오감입니다.

눈, 귀, 코, 입, 몸으로 전달되는 감각들을 버리는 것입니다.

오감은 형체가 없는 생각과 감정을 버리는 것과는 조금 다릅니다.

저절로 느껴지는 오감을 어떻게 쉽게 버릴 수 있을까요.

오감은 생각과 감정과 같이 버리는 것이 아니라 오감이 바로 참나의 발현임을 아는 것이 중요합니다.

생각과 감정이 사라지면 분별이 사라지고, 느껴지는 모든 것은 하나가 됩니다.

오감이 나고 사라지는 무상함 속에서도 나고 사라지는 자리는 하나입니다.

화두에 수년간 몰두해 있다가 죽비소리에 깨달음을 얻는다는 것이 바로 그것입니다.

소리는 날아갔지만 내 마음 참나자리를 벗어나지 못합니다.

소리가 나이고, 소리가 나고 죽는 자리가 나이고 바로 참나이고 참마음입니다.

---

3) 욕심과 분노를 말한다.

이렇게 생각, 감정 오감을 떠나면 남는 것이 바로 참나이고 불성이고 깨달음이고 참마음입니다.

엄격하게 말하자면, 몸과 마음을 이루는 생각·감정·오감, 절대로 영원하지 않는 생각·감정·오감에 대한 머무름을 벗어나면, 생각·감정·오감이 왔다갔다하는 자리[4]가 바로 참나입니다.

버릴 것 다 버리셨습니까.
버렸다고 했지만 위에서 다 버린 것들은 사실 참나의 일부분들입니다.
가고 오고 하는 생각, 감정, 오감이 다 참나입니다.
버린 것들이 모두 진여불성입니다.[5]

배울 것도 없고 할 일도 없는 한가한 도인은
망상을 버리지도 않고 진심을 구하지도 않네
무명의 실제 성품이 그대로 부처님 성품이며
환영같은 허망한 육신이 그대로 법신이네.[6]

---

4) '자리'라고 표현하였지만 생각·감정·오감과 다른 자리가 따로 있는 것은 아니다. 생각·감정·오감이 바로 참나이다. 참나는 현상계에서 생각·감정·오감으로만 발현될 뿐이다.
5) 고봉(설우강설), 선요上(선사의 체험으로 풀어내다), 조계종출판사, 2014, 57면 : 고봉 스님은 혼침, 산란, 기쁨, 노여움, 슬픔, 즐거움이 모두 진여불성이라고 하였다.
6) 무비강설, 무비 스님의 증도가강의, 조계종출판사, 2014, 366면.

10 끝없는 질문

"참나는 에고(개별적 나)와 따로 존재하나요?"

"왜 계속 괴롭지요?"

우리는 깨닫고 싶습니다.

그러기에 끝없이 마음 속은 수많은 생각과 의문들이 꼬리를 이어 일어납니다.

결론적으로 이야기하자면, 깨어나서 깨달음이 항상 존재하는 본연의 모습에 체화되기 전까지는 해답은 없습니다.

깨달음은 생각이 사라진 자리입니다.

깨달음을 얻으려고 하는데 질문한다는 것은 목적과 방법이 크게 어긋나는 행위입니다.

달리 표현한다면 질문한다는 자체가 괴로움(苦)를 지속하고 있는 것이지요.

모든 의문[1]을 해결하기에 앞서 우선 견성을 해야 합니다.

견성을 하면 의문은 사라집니다.

아니 사라진다기 보다는 관심이 없어집니다.

의문에 집착하지 않고 관심이 없어졌기에 저절로 사라집니다.

---

1) 이때의 의문과 화두선에 있어서의 '의정'은 다르다. '의정'은 의심덩어리가 온 마음을 꽉찬 상태를 말한다. 의심이 너무 커서 다른 생각이나 감정 그리고 오감이 비집고 들어올 수 없는 상태이다.

견성은 참다운 진리를 바로 아는 지혜의 문이 열린 것이므로 의문은 당연히 사라집니다.

그러므로 경전을 이해하는 방법으로 견성하기는 참 어렵습니다.

'이해한다는 것'은 의문의 해소를 뜻하는 데, 학문의 길은 끝이 없다는 데서 알 수 있듯이 깨달음에 대한 지식적인 측면에서 의문을 이해로 해결하는 길은 끝이 없습니다.

마치 우주의 신비를 모두 이해하려는 것과 같다고 할까요.

천목중봉 스님은 "그대가 한 털끝만큼이라도 알음알이를 가진다면 본체를 마주하더라도 계합할 수 없습니다 … 알음알이는 그저 옛 사람들이 말해놓은 신령한 말만 좇는 것이며, 6진(六塵)을 반연하여 일어나는 그림자2)를 자기의 참마음이라고 잘못 인식하고 있는 것입니다" 라고 하였습니다.3)

김태완 선생은 깨달음을 얻기 위한 현실적 태도로서 "첫째, 공부의 초점을 언제나 깨달음에 두어야 합니다. 둘째, 공부인은 깨달음에 늘 관심을 두어야 하지만 깨달음에 관한 어떤 견해도 가지고 있어서는 안됩니다. 셋째, 좋은 지도자를 찾아서 스승으로 삼고 믿고 의지함이 필요합니다"라고 하였습니다.4)

깨달음은 보는 것입니다.

시각으로서의 보는 것이 아니라서 말로 하기는 참 어렵지만 온 몸과 마음으로 각(覺)하는 것입니다.

---

2) 대상에 대하여 떠오르는 생각을 의미한다.
3) 천목중봉(원택감 역), 천목중봉 스님의 산방야화 '선을 묻는 이에게', 장경각, 2017, 54–58면.
4) 김태완, 선으로 읽는 대승찬, 침묵의 향기, 2008, 88–89면.

체화되는 것입니다.

질문하지 마세요.

질문하는 현학자는 깨달음의 세계에서 보면 철없는 어린아이와도 같습니다.

질문에 대한 답을 찾지 마세요

질문이 일어나고 있는 그 자리를 찾으세요.

찾는 그 자리는 시작도 모를 그 때부터 늘 있었습니다.

11 이미 부처

우리는 중생이 부처다 혹은 이미 당신은 부처다라는 말들을 종종 듣습니다.

참 김빠지는 소리입니다.

그렇게 불경도 읽고 착한 일도 많이 하면서 부처같이 깨닫기 위해 애쓰는데, 이미 위대한 부처라고 합니다.

그리도 절절한 구도의 행위가 부질없는 것인가요.

이미 부처라고 하는 말은 '깨닫고 보니 부처다'라는 뜻입니다.

깨닫지 못하니 중생으로서의 괴로움을 영원히 가질 수밖에 없는데, 깨닫고 보니 몸과 마음이나 세상이 달라진 것은 전혀 없지만, 괴로워 할 것이 원래 없고 유위로 행할 필요가 없고 생사가 원래 없다는 것을 알았다는 말입니다.

'이미 부처라고 하니 아무것도 할 것이 없구나'라고 생각할 수도 있습니다.

하지만 부처의 깨달음을 얻기 위해 발심해야 합니다.

아니 무엇이든지 행하여도 상관없다고 생각할 수도 있습니다.

하지만 깨달음을 얻지 못한 상태에서의 행(行)은 중생으로서의 허우 적거리는 몸짓에 불과합니다.

우선 깨달아야 합니다.

깨달음을 얻기 위한 구도의 행위는 무엇을 하고 얻는 것이 아니라, 버리는 행(行)이 처음이고 끝입니다.
'이 수행을 하면 이것을 얻겠구나'라고 생각하는 순간 길에서 더 멀어집니다.
깨달음을 얻기 위한 것인데 그러한 목적도 버리라고 하니 참 이율배반적이지만, 버리는 것이 바른 길입니다.
버린다는 것은 원(願)과 집착에서 벗어나는 것입니다.

구도의 길 끝자락에서 백척간두에서 몸을 던지는 것과 같이 '나'를 이루는 모든 생각·감정·오감에 대한 집착을 철저하게 벗어나면, 무쇠로 만든 소(鐵牛)처럼 되면, '중생이든 부처이든 한마음 이 자리에서 일어난 생각이구나, 생각·감정·오감이 떠나도 여기 있구나'라는 각(覺)이 불현듯 찾아옵니다.

이 자리가 부처의 자리입니다.

깨닫고 난 이후 부처의 자리에는 탐진치가 붙지 않습니다.
생각하고 집착하니 탐진치가 붙는 것입니다.
탐진치는 원래 없는 것인데 집착하니 생긴 것입니다.
부처는 집착과 생각이 없습니다.

깨닫고 나면 모든 것이 원래 없습니다.

부처도 없습니다.

12 연기(緣起)와 깨달음

연기(緣起)는 '이것이 있으면 저것이 있고, 저것이 없으면 이것도 없다'는 것입니다.

아침에 눈을 뜨면 나만 존재하는 경우가 있던가요.
아침에 눈을 뜨면 세상만 존재하는 경우가 있던가요.

아침에 눈을 뜨면 나와 세상은 언제나 동시에 존재했고 존재하고 있습니다.
나는 세상과 더불어 있지 않으면 존재할 수 없습니다.

나는 네가 없으면 존재할 수 없습니다.
너는 내가 없으면 존재할 수 없습니다.
나와 너와 세상은 더불어 존재합니다.

나와 너와 세상은 하나입니다.
생각해서가 아니라 눈앞이 하나로 이루어져 있지 않습니까.

비교할 것이 없으면 전체이자 하나입니다.

모두가 하나인 존재는 결국 없는 것과 같지요.

有이면서 無입니다.

있으면서도 없는 것이 바로 불성이고 불성을 체험하는 것이 깨달음입니다.

바람이 불어온다.
바람이 속절없이 떠나버린다.
곁에 있던 사랑하는 사람은
가슴시리게 사라진다.

너는
나의 곁을 영원히 지키지 않기에
아프고 아프다.
세상이 아프다.

이름불러 나타난 너는
이름부르지 않으면 온데간데 없다.
차라리 성질을 부려다오
영원히 새겨질 성질을 부려다오.

무심한 메아리는
소리라도 들리는데
부르는 사람은
온데간데 없다.

고즈넉한 산사
방안의 풍경은 가득찼는데
산사가 달아나니
풍경도 날아간다.

가도 가도
언제나 텅 빈 그 자리
산사도 속고
풍경도 속았다.

14 참선, 염불, 불, 관세음보살

우리가 구도의 길을 걸으면서 종종 책이나 법문에서 접하는 용어들이 있습니다.

늘 듣는 말이기에 늘 그렸던 선입관으로 지나치고 말 때가 많지만 한번쯤 그 문자 그대로의 의미를 되새김질할 필요가 있습니다.

부처를 의미하는 '불(佛)'을 들여다 보지요.

통상적인 의미는 부처는 인도의 '붓다'를 음역하여 '불타'라고 하고 더 약칭하여 '불'이라고 부릅니다.

'붓다'는 '깨달은 자'를 의미합니다.

그런데 음역의 시각이 아니라 '불'자를 회의문자적 시각에서 해석해 보면 '人(사람 인)'과 '弗(아닐 불)'로 구성되어 있음을 알게 됩니다.

'사람이 아니다.'

불성은 나고 죽지 않습니다.

그러므로 '불'자를 부처로 표현한 것은 용어유래의 사실 여부를 떠나서 흥미롭습니다.

선에 들어간다는 뜻으로, 깨달음을 얻기 위하여 자기의 본래면목을 참구하는 불교수행법을 '참선(參禪)'이라고 합니다.

'선(禪)'은 마음의 어떤 특정한 상태를 말하는 것이고, '참선'은 그 특정한 상태를 참구한다는 적극적 의미입니다.

40 覺(각)

'선'이란 용어의 원류는 팔리어 'Jhana', 범어 'Dhyana'이며 이를 '선나(禪那)'로 음역하고, 축약하여 '선'이라고 한다고 말합니다.

음역을 위하여 다른 한자를 선택할 수 있음에도 불구하고 '선(禪)'자를 선택한 것은 그 의미의 부합을 위한 것이라고 볼 수 있을 것입니다.

'선(禪)'은 '볼 시(示)'와 '홑 단(單)'으로 이루어져 있습니다.

즉 '하나를 본다'는 것입니다.

현상계 전부가 하나인 '불성'을 보는 것입니다.

사실 보는 주체는 없습니다.

생각이 사라지고 오직 하나인 불성이 남으면 보는 자와 보이는 것은 따로 없고 오직 하나아닌 하나만 존재합니다.

'관세음보살(觀世音菩薩)'은 불교에서 구원을 요청하는 중생의 근기에 맞는 모습으로 나타나 대자비심을 베푼다는 보살입니다.

여러 일반적인 의미가 있지만, '관세음보살(觀世音菩薩)'은 '세상의 소리를 바라보며' 깨달음을 구하는(혹은 깨달은) 중생이라는 글자 그대로의 의미가 있습니다.

능엄경을 보면 깨달음을 얻는 방법으로 여러 가지가 있지만 그 중의 하나가 '이근원통(耳根圓通)'입니다.

소리를 통하여 깨닫는 것이지요.

소리는 듣는 자와 들리는 것이 따로 있는 것이 아닙니다.

듣는 자와 들리는 것은 동시에 생겨나고 동시에 사라집니다.

환영처럼 소리가 들고 사라지는 자리가 바로 불성입니다.

불성이 없으면 소리도 없습니다.

관세음보살은 소리로 깨달은 자입니다.

'염불(念佛)'은 일반적으로 부처를 마음으로 생각하는 법신염불, 부처의 공덕이나 형상을 마음에 떠올리는 관념염불, 부처의 이름을 입으로 부르는 칭명염불 등 여러 종류로 분류할 수 있습니다.

'염불(念佛)'은 부처라는 상(相)를 생각한다 혹은 떠올린다기 보다는, 부처만을 보고 있다고 해석하는 것이 좋습니다.

여기서 부처는 참나를 말합니다.

참나 즉 불성의 상태에 오로지 계합하여 있다는 뜻이 더 적절하다고 봅니다.

염불을 방편으로 보아서 일체의 망상을 깨부수는 것으로 이해할 수 있지만, 입으로 부르거나 부처의 상에 집착하는 염불은 수단이고 달을 가리는 구름을 지우는 방편일 뿐인데, 자칫 오해하면 염불이 망상이 되고 목적이 되는 우(愚)를 범할 수도 있습니다.

염불은 깨닫기 위한 방편이며 화두와 같은 역할을 해야 합니다.

그러나 강을 건너 피안에 이르면 나룻배(화두)는 아무 의미가 없기 때문에 버려야 됩니다.

물론 수십 년 염불하다 견성하는 이도 있습니다.

염불에 집중하다가 모든 아상, 대상과 집착이 사라진 자리, 염불도 사라진 자리, '불성'을 알아차린 것입니다.

15 여시아문(如是我聞)

'여시아문(如是我聞)'은 '나는 이와같이 들었다'는 뜻입니다.

붓다의 면전에서 직접 들은 가르침을 그대로 전한다는 의미를 내포하는 '여시아문'은 붓다의 가르침을 들은 그대로 전한다는 점을 경전의 시작부분에서 분명히 밝히는 표현입니다.

초기 경전에서 사용된 이 표현은 500년 정도가 지난 기원 전후부터 성립한 대승불교의 경전들에도 초기 경전의 전통을 이어받아 사용되어 왔습니다.

'여시아문'으로 시작되는 이유는, 부처님 말씀에 대하여 들은대로 가감이 없이 그대로 전하고 있으므로 이어지는 경전의 내용에 대한 믿음을 강조한 의미로 보통 받아들여집니다.

이러한 문의적인 해석은 禪의 입장에서는 확연히 달라집니다.

'여시아문'은 뒤이어서 소개되는 경전의 내용과 상관없이 그대로 진리입니다.

'이와 같이(여시)' 늘 세세토록 변함없이 듣고 있는 것은 무엇인가요.

내가 듣고 있는가요.

듣고 있는 나는 누구인가요.

듣는 내용은 문자이든 소리이든 늘 변하며 무상합니다.

그러나 어릴때도, 나이든 지금도 '듣는 것'은 변함없습니다.

여시―하기 전에 벌써 끝났습니다.
여시―는 사족입니다.
여시―가 나오는 자리는 늘 여시―였습니다.

팔만사천대장경이 가리키는 자리는 여시―가 나오는 바로 그 자리
뿐인 것이지요.

16 존재(存在)

영어로는 '있음(being)'으로 표현하지요.

우리는 눈에 보이는 모든 사물과 우리 자신이 존재한다고 말합니다.

우리가 존재한다고 할 때에는 '있음'을 동반합니다.

보고 느낄 수 있는 '있음'이지요.

우리는 여기서 한치도 벗어나지 못합니다.

여기서 벗어나야 깨달음에 다가갑니다.

진실을 말씀드리자면 참나 혹은 자성의 존재는 '실체가 있음'이 아닙니다.

우리가 말하는 존재라는 것들은 육식[1]의 대상이며 그 정체는 신기루입니다.

그러한 존재가 드러나고 있는 바탕이 바로 '존재'이자 'being'이고 참나이자 마음입니다.

무엇이 있는 것이 아니라 모든 것이 나타나는 '장(場)'입니다.

이러한 '장(場)'은 있다고도 없다고도 할 수 없습니다.

있기에 모든 대상들이 나타나지만, 그렇다고 이러한 '장' 혹은 진실한 '존재'는 육식의 대상이 아니기에 육식의 대상이 없이 홀로 나타나 존재할 수는 없습니다.

---

1) 안식, 이식, 비식, 설식, 신식, 의식.

보고 듣고 느끼고 생각하는 대상을 모두 완벽하게 제거해 보십시오.

무심해 보십시오.

제거하였는데도 뭐가 있나요.

대상으로서 있는 것은 아닙니다.

그런데도 뭔가 하나로 그냥 있지 않나요.

깨닫고 나면 나는 무엇일까요.

나도 너도 없는 그냥 '전체로서의 존재' 그 자체만 남습니다.

오로지 하나이기에 없는 것과 같습니다.

있으면서도 없는 것입니다.

"마음은 언제나 경험되는 모습으로 드러나지만 경험되는 모습이 곧 마음은 아닙니다. 물결이란 다만 움직이는 물일 뿐, 물과는 다른 물결이라는 독자적인 무엇은 없습니다. 원래 하나의 마음이 스스로 움직이고 있을 뿐인데, 이 마음의 움직임에 의해서 나타나는 갖가지 모습을 보고서 이것과 저것을 나누어 이것은 좋고 저것은 나쁘다고 하는 겁니다. 부처의 중생, 어리석음과 깨달음도 물결에 불과한 것이지 물이 아닙니다."2)

이제 마음이 보이시나요?

2) 김태완, 선으로 읽는 대승찬, 침묵의 향기, 2008, 158-159면.

제 2 장

마 음

1 마음이란?

우리는 마음이란 단어를 자주 사용합니다.

선사들이나 경전에서 자주 인용되는 '마음(心)'은 인용되는 그때마다 다른 의미로 제시되고 있지만, 그때그때 정확한 의미를 모르면 전체적인 혼란과 착오를 가져다 줄 뿐입니다.

천목중봉 스님은 다음과 같이 말했습니다.

"어떤 스님이 마조 스님에게 "무엇이 부처입니까?"라고 묻자 마조 스님께서 "마음이 바로 부처다"라고 대답했습니다. 이 공안은 전에 참선한 적이 없던 사람도 모두 알겠다 하고 지나쳐버리기 쉽습니다. 그러나 그 지극한 뜻은 오래 참선한 선승도 대부분 잘못 알고 있습니다. 왜냐하면 "너는 무엇을 마음이라 하는가?"하고 질문하자마자 갈래길이 생길 것이기 때문입니다. 여기서 분명한 당처를 지적해내려면 반드시 직접 뛰어넘어 손아귀에 쥔 적이 있어야 합니다."[1]

일반적으로 내면에서 떠오르는 심리적 상태, 물질적인 몸과 다른 정신적 상태를 우리는 '마음'이라고 합니다.

이러한 '마음'에는 생각, 감정, 느낌 등이 혼재되어 있습니다.

---

1) 천목중봉(원택 감역), 천목중봉 스님의 산방야화 '선을 묻는 이에게', 장경각, 2017, 85면.

마음공부라고 하는 것은 대개 생각, 감정, 느낌(오감) 등에 대한 조절을 의미한다고 이해합니다.

하지만 이러한 마음공부는 안타깝게도 완전할 수는 없습니다.

마음공부를 통하여 이루어지는 '평온한 상태'는 생각, 감정, 오감으로 이루어지는 심리상태일 뿐, '평온한 상태'가 영원할 수는 없기 때문입니다.

그렇다고 그 효용성을 부정하는 것은 아닙니다.

현상계를 살아가는 데 있어서 평온한 마음의 유지는 생활하는데 도움이 된다는 것을 부인할 수는 없습니다.

그러나 영원한 것이 아니라는 점에서 '참나'라는 진리에 도달한 것은 아니라는 것입니다.

깨달음은 진정한 마음찾기입니다.

'참나'를 의미하는 '마음'은 생각, 감정, 느낌뿐만 아니라 몸 그리고 육식(六識)[2]의 대상인 세상 전체를 포함하는 大개념입니다.

보고 듣고 느끼고 생각하는 것과 보고 듣고 느끼고 생각되는 모든 것이 마음이라는 얘기입니다.

마음이란 바로 지금 우리 스스로가 가장 실제적으로 경험하고 있는 '이것'입니다.[3]

늘 경험하고 있는 '이것'입니다.

'소울(Soul)'이라는 영화에서 나오는 어린 물고기의 이야기가 있습니다.

---

[2] 육식은 눈, 귀, 코, 혀, 몸, 생각을 통하여 인식되는 의식이다.
[3] 김태완, 선으로 읽는 대승찬, 침묵의 향기, 2008, 57면: 여기서의 '이것'이란 형상화되거나 개념지을 수 있는 대상이 아니라 모든 것을 말한다.

어린 물고기가 어른 물고기에게 묻습니다.

"바다가 어디에 있나요. 나는 바다에 가고 싶어요"

어른 물고기가 말했습니다.

"너는 이미 바다에 와 있단다"

어린 물고기가 다시 말했습니다.

"여기는 그냥 물이잖아요?"

'일체유심조(一切唯心造)'의 '심(마음)'은 내면의 세계라는 좁은 장소가 아니라 모든 것이 하나를 이루는 '참나 혹은 불성'을 가리킵니다.

참나는 외부와 독립된 '개별적 나'와 세상전부를 포함하여 하나된 상태입니다.

각각 나누어진 것 같지만 실제로는 하나입니다.

놀랍고도 놀랍지만 진실입니다.

이해의 한계점은 바로 여기입니다.

일반적으로 말하는 '마음'과 구별되는 참나를 의미하는 '마음'을 각성하지 못하면 경전이나 법문의 이해는 다람쥐 채바퀴 돌듯 더 이상 나아가지 못합니다.

머리로 이해하거나 몸으로 수행하는 과정은 참나를 깨치는 '도'의 과정이 아닙니다.

선사들이나 고승들이 전해주고자 하는 바가 바로 이것입니다.

저 산새소리가 어디서 나고 어디로 사라지는가.

새소리를 듣는 자가 어디에 있는가.

2 꿈

경전이나 선어록에서 참나의 상태를 가리키며 자주 비유하는 것이 '꿈'입니다.

꿈을 깨기 전까지 우리는 꿈속이 세상 전부라고 느끼며 울고 웃고 슬퍼하고 화내다 어느 순간 잠에서 깨어납니다.

눈뜨는 순간 꿈속의 모든 것은 완벽하게 사라집니다.

신기하게도 하나의 남김도 없이 완벽하게 사라집니다.

꿈속에서의 삶과 죽음은 어디로 사라졌는가요.

꿈속의 나와 세상은 동시에 나타나고 동시에 사라집니다.

그렇다면 꿈속의 세상은 불이(不二)이고 연기입니다.

동시에 나타나고 동시에 사라진다는 것은 둘이 아니고 하나라는 것을 보여주는 진리입니다.

'일장춘몽(一場春夢)'

믿기지 않겠지만, '눈 뜬 세상'도 꿈과 같습니다.

'일장춘몽'이 일반적으로 부귀영화의 덧없음을 의미한다고 이해되지만, 실제로는 '진리'를 의미하며 직접 가리키는 무서운 말입니다.

여기서 말하는 '진리'는 해가 뜨고 해가 지는 것과 같은 절대 변할 수 없는 확실한 진실을 말합니다.

인생이 진짜 꿈이란 말인가.

'일장춘몽'이 진실로 다가온다면 '견성'의 또 다른 모습입니다.

"꿈속에서 꿈이 깨어나는 것과 같습니다.
세상은 하나입니다.
'꿈'과 '깨어남'이 다른 세상이 아닙니다.
다만, 꿈속에서 취하여 어리석게 헤매이고 있느냐 아니면 깨어나서 한결같이 다름이 없느냐 하는 것이 꿈과 깨어남이 다르다면 다른 것입니다."[1]

눈뜬 세상은 꿈보다 조금 더 길게 느껴지는 '보다 생생한 꿈'이란 것을.
꿈과 같은 '마음' 하나인 것을.

---

1) 김태완, 선으로 보는 대승찬, 침묵의 향기, 2008, 96면.

거울(鏡)

菩提本無樹 보리본무수
鏡亦非臺 명경역비대
本來無一物 본래무일물
何處惹塵埃 하처야진애

보리(깨달음)에 나무 없고
거울 또한 거울이 아니다.
본래 한 물건 없거니
어느 곳에 티끌 일어나겠는가.[1]

붓다이래로 붓다 외에 그 행적과 글을 '경(經)'이라고 붙여진 바가
거의 없지만, 그 깨달음의 경지가 부처와 같다고 평가받아 후대로 전
해 내려오는 책이 육조 혜능의 '육조단경'입니다.

구도자에게는 필독서와 같은 책이기도 합니다.

보조 지눌에게 첫 깨달음을 주기도 한 책이지요.

육조 혜능이 신수대사[2]의 계송을 능가하였다고 전해지는 위의 게

---

1) 묘봉, 육조단경선해, 비움과 소통, 2013. 4. 17.
2) 북종선(北宗禪)의 개조(開祖)(?~706). 처음에는 유학(儒學)을 공부하다가 출가하
   였으며, 나이 50세가 되어서야 오조(五祖) 홍인선사(弘忍禪師)의 제자가 되었음

송에서도 언급되는 것이 '거울'입니다.

선사들이 종종 '꿈'과 더불어 '불성'을 비유하는 것으로 자주 인용하고 있지요.

거울은 모든 것을 비춰줍니다.

거울에 비춰지는 모든 것은 바로 거울이기도 합니다.

하지만 정작 거울자신은 비출 수 없습니다.

거울속의 풍경을 바라보는 우리는 거울이 있다는 것은 알고 있습니다.

하지만 거울은 거울자신을 비출 수 없기에 거울자신을 절대 느낄 수는 없습니다.

하지만 거울자신이 있다는 것은 '스스로' 압니다.

비춤자체가 있다는 것은 거울이 있다는 것을 부정할 수 없다는 진리입니다.

거울은 비춰진 세상 즉 분별되는 세상이기도 하면서 또한 아닙니다.

둘이면서도 둘이 아닙니다.

불이(不二)입니다.

궁극적으로는 '비춤'만 있습니다.

결국 거울은 있으면서도 없습니다.

우리를 되돌아 볼까요.

회광반조(回光返照)하면 눈앞의 세상에는 나도 너도 산도 들도 다 들어가 있습니다.

이 모든 것을 비추는 것은 무엇일까요.

홍인 선사 문하의 700여 제자들 중에서 수좌였으며 측천무후의 귀의를 받았으며, 또 중종 황제의 존경을 받았음.

거울의 '비춤'이 바로 '앎'입니다.

이 앎이 바로 마음입니다.

'앎'만 있지 나는 없습니다.

4 앎(知)

꿈이나 거울과 마찬가지로 마음을 '물(바다)'과 비유하기도 합니다.

하루 내내 온갖 생각과 감각, 느낌, 소리가 '알아차림'의 바다에서 일어나고 사라집니다. 그 알아차림(앎)의 바다가 바로 당신 자신입니다.[1]

그런데도 물(바다)속의 물고기가 물을 찾습니다.
참나인 마음속을 살아가면서 마음을 찾고 있는 형국입니다.
물속의 물고기가 물을 찾고 중생이 마음을 찾는 것은 쉽지 않습니다.
이러한 모습들이 일반적인 구도의 길을 걷는 중생의 모습입니다.
어처구니없게도 언제나 그 속에서 살아왔기에, 찾기 어려운 것입니다.
선사들은 종종 '눈앞(目前)을 보라'고 합니다.
이 말은 시각적으로 대상인 어떤 것을 보라는 뜻이 아닙니다.
당연히 시각적으로 보이는 것이 아니기 때문이지요.
개별적인 나를 포함하여 눈앞의 모든 것이 다 마음이라는 것을 직시하는 것입니다.

---

1) 제프 포스터, 가장 깊은 받아들임, 침묵의 향기, 2019, 72면.

일종의 '인식의 전환'입니다.

'물'의 공통적인 속성이 '습(濕)'이라면, 거울의 공통적인 속성이 '비춤'이라면, 마음의 공통적인 속성은 무엇인가요.

마음의 속성은 '앎(知)'입니다.
'알아차림(覺)'[2]이라고도 합니다.
여기서 '앎 혹은 알아차림'은 적극적 행위가 아니라, 무위적 현상이고 유위적 행위가 아닙니다.
'앎'은 저절로 아는 것을 말합니다.
자동차를 보고 음악소리를 듣고 물이 차고 시원함을 느끼는 것 그리고 생각이 일어나는 것은 저절로 아는 것이지 개별적인 '나'가 유위적 행위를 하는 것이 아니지 않습니까.

혜능을 쫓아온 도명은 깨달음을 얻고 "마치 물을 마시고 물의 차갑고 따뜻함을 저절로 아는 것과 같다"라고 하며 혜능에게 절을 하였습니다.[3]

보조국사 지눌의 수심결은 이러한 '앎'을 '공적영지(空寂靈知)'[4]라고 표현합니다.
'텅 비어 있되 신령스럽게 앎'입니다.

---

2) 팔리어로는 사띠(Sati)라고도 한다. 몸과 마음에서 일어나는 현상을 주의를 기울여 알아차리는 것이다. 그러나 엄밀하게 말하자면, 주의를 기울여 알아차리는 것은 유위적 수행이고 마음의 속성인 '앎 혹은 알아차림'과는 구별해야 한다. 사띠 수행은 궁극적으로 알아차리는 놈은 무엇인가를 깨달아야 완성된다고 보아야 한다.
3) 묘봉, 육조단경 선해(e-book), 2012. 3. 16, 88면.
4) 혜암당 현문 대선사 편저 묘봉 운릉 선사 엮음, 보조국사 수심결, 2013. 1. 12, 63면 등.

선사들이 '할'을 하고, 때리고, 주장자를 보이는 것은 바로 우리 모두가 본래 가지고 있는 '저절로 듣고 느끼고 보는 그것'을 가리킵니다.

바로 직시합니다.

말보다 더 직접적으로 자성을 보여주고 있는 것입니다.

부처님은 굽은 활같이 말씀하시고, 조사들은 활줄 같이 말씀하셨습니다.[5]

부처님은 법문을 통하여 완곡하게 자세히 말씀하셨고 선사들은 직설적으로 말씀하셨다.

어떤 사람은 물을 옆에 두고 물을 찾습니다.

어떤 사람은 물속에서 물을 찾습니다.

물이 물을 찾습니다.

---

5) 서산대사 휴정, 선가귀감 10번째 게송.

5 본다

우리말로 '본다'는 것은 보통 신체기관인 눈을 통하여 시각적으로 보는 것을 의미합니다.

선가에서 '본다'는 의미는 육근의 하나인 눈을 통하여 보는 것을 말하는 것이 아니라 일종의 '육감'[1]을 이야기하는 것입니다.

그래서 소리를 보고 느낌을 보고 생각을 본다고 하는 것입니다.

오로지 마음이라는 일체즉일(一切卽一)의 일들이기에 그렇게 통한다는 것이지요.

몽지 선생이 가끔 언급하는 영어의 'I see'도 시각적인 것뿐만 아니라 원래 '안다'는 뜻이 또한 내포되어 있기에 참고할만 합니다.

I see에서 I는 누구인가요?

선의 관점에서 얘기한다면 I는 말하는 개별적 주체를 의미하지 않습니다.

선가에서 말하는 '본다'는 표현은 '봄 없는 봄'을 말합니다.

---

1) 육감은 신체에 갖추어진 눈, 코, 귀, 혀, 피부로 느끼는 오감 이외에 더 있다고 생각되는 직관적인 감각을 말한다. 물론 참나가 느껴지는 대상은 아니기에 육감을 통하여 알 수 있는 것이 아니지만 그나마 육감이라는 단어 외에 전달하고자 하는 의미와 가까운 말을 찾을 수 없다.

쉽게 말하면 생각이란 의식작용없이 '본다'는 것입니다.

생각이 일어나면 보이는 모든 대상은 나와 분별되어 독립적으로 존재하는 것처럼 인식됩니다.

생각이 없으면 모든 대상은 보이되 전체로 하나로 드러납니다.

모든 대상은 눈으로 보이는 것이 아니라 '참나'가 '저절로 아는 것'입니다.

보는 주체는 없습니다.

생각이 만들어내는 주체를 무시하고 보십시오.

들어 '본다'.

느껴 '본다'.

해 '본다'.

6 암자 밖은 없다(心外無法)

길을 걸어갑니다.

시골길을 걸어가면 논을 지나고 밭을 지나고 동네앞 느티나무도 지나갑니다.

문득 고개들면 산자락이 보이고 멀리 산봉우리가 나타나며 그 위 곱게 쌓인 구름도 봅니다.

늘 눈앞입니다.

내 눈앞을 벗어난 산과 들은 없습니다.

보이지 않는 산너머 동네는 생각 속에서만 존재합니다.

어릴적부터 지금까지 모든 일은 눈앞의 세상이었습니다.

눈앞의 세상은 늘 변하지 않는 것은 없었습니다.

눈앞의 세상은 내 마음의 암자를 벗어나지 못했습니다.

중국 당나라의 유명한 선사인 방거사[1]는 허공에 날리는 눈송이들을 보며 말했습니다.

---

1) 방거사는 고승 못지않게 깨달음을 얻은 중국 당나라시대의 선사이자 부호로 알려진다. 아내와 딸, 아들 모두 견성한 후 세속을 떠나 산으로 들어가면서 가진 재산을 전부 호수에 던지고 떠났다고 한다. 재산을 기부하지 않고 버린 이유에 대하여, 재물은 도에서 멀어지게 하는 것이라고 말했다고 전해진다.

"멋진 눈이군, 눈송이 하나하나가 다른 곳에 떨어지지 않는구나"[2]

화엄경에서는 "모든 것이 마음으로 이루어지고 마음 밖에 다른 곳이 없다"[3]라고 하였습니다.[4]

---

2) 안동림 역주, 벽암록, 현암사, 2015, 246면 : 호설편편 불락별처(好雪片片 不落別處).
3) 일체유심조 심외무별법 : 一切唯心造 心外無別法
4) 카마타 시게오(장휘옥 역), 한권으로 읽는 화엄경이야기, 불교시대사, 2015, 191면.

7 도가도 비상도(道可道 非常道)

'노자' 제1장을 보면 '道可道非常道 名可名非常名'라는 첫 구절이 나옵니다.

도를 도라고 말할 수 있다면 이미 도가 아니요, 이름은 이미 이름이 지칭하는 것이 아니라는 뜻입니다.

이 말을 다르게 표현해보면 '心可心非常心'이라고 할 수 있습니다.

마음을 마음이라고 언어로 표현하는 순간 그 마음은 본래 가리키는 마음이 아니라는 뜻입니다.

부처를 부처라고 하면 거짓말입니다.[1]

여기서 '도(道)'나 '이름', 그리고 '마음'이 가리키는 것은 '불성이나 참나 혹은 본래성품'입니다.

그러나 언어로 표현할 수 없는 것을 언어로 표현하니 벌써 십리 밖의 일이 되어버립니다.

언어는 참나를 담아내지 못합니다.

아니 담아내려고 말하려는 순간 벌써 참나와는 멀어졌습니다.

그럼에도 언어로 표현할 수 있는 것 중 그나마 추측이라도 가능하

---

1) 김태완, 선으로 읽는 대승찬, 침묵의 향기, 2008, 62면.

게 하는 것이 '도'나 '마음' 또는 '불성'인 것입니다.

'도'나 '마음'을 머릿속에 개념으로 정의하려는 순간 진리인 '도'나 '마음'은 사라지고 생각으로 만들어진 '도'나 '마음'이 자리잡습니다.

생각으로 만들어진 '도'나 '마음'이라는 '상(想)이 떠오르는 그 자리'가 바로 참나이고 불성이고 진짜 마음입니다.

'상이 떠오르는 자리'에 대하여 몽지 선생이 자주 쓰는 방법을 소개해 보겠습니다.

사랑했지만 곁에 없는 사람을 지금 떠올려 보세요.

눈을 감지 말고 떠올려 보세요.

사랑하던 이의 얼굴이 어디서 떠오르고 있습니까.

눈앞에서 떠오르고, 멀리 구름 위에서도 떠오르지 않나요.

머릿속이 아니지요?

몸과 마음속뿐만 아니라 눈 앞도 몸 바깥도 바로 마음이자 불성이자 참나입니다.

8 경험

"이게 생시야 꿈이야"라고 할 때가 있습니다.

경험되는 하루는 생시[1]와 꿈 그리고 깊은 잠의 상태로 이루어집니다.

그런데 생시와 꿈 그리고 깊은 잠이라는 경험의 장의 주체는 누구일까요?

우리는 생각하고 몸을 움직이는 개별적 '나'를 경험의 주체라고 여기고 살아갑니다.

그런데 깨어있을 때나 꿈속에서, 깊은 잠속에서 몸과 마음을 가진 개별적 '나'가 과연 주체입니까?

꿈속의 주인공인 '개별적 나'는 꿈을 만드는 꿈꾸는 자가 아니며, 깊은 잠속에 있을 때는 개성을 가진 '개별적 나'는 어디로 사라졌는지 찾을 수 없습니다.

깨어있을 때(생시)는 생각과 감정과 몸으로 이루어지는 '개별적 나'가 정말 주체가 맞을까요?

주체라면 어째서 생각과 감정과 몸이 느껴지는가요?

_____

1) 태어난 시간이 아니라 '자지않고 깨어있을 때'를 말한다.

66   覺(각)

느껴지는 것은 대상이 아닌가요?

지나가는 차를 느끼고 마시는 물을 느끼고 소리를 느끼는 것과 생각·감정·몸을 느끼는 것이 본질적으로 다른가요?

몸과 생각을 포함하여 위에서 언급한 모든 것은 경험되는 '대상'으로서, 사실 주체가 아닌 대상으로서의 지위를 가집니다.

단지 우리는 생각과 몸을 '나'라고 관념짓고, 나를 주체로 삼는 습기에 너무나 익숙해져 있기에 그렇게 분별하였던 것이지요.

몸과 생각(마음)도 주체가 아니라 대상입니다.

그러므로 몸과 생각이 주체가 아니라 대상이라면, 현상계의 주체와 객체는 모두 다 대상이라는 의미에서 오로지 하나이지 나누어지지 않습니다.

동시에 보이는 것이 됩니다.

그렇다면 이 모든 것을 경험하는 주체는 무엇인가요.

생각과 감정과 몸이라는 개별적 '나'로서의 주관이 사라졌기에 주체라는 단어는 더 이상 어울리지 않습니다.

경험하는 자리를 일견해보세요.

이것이 견성입니다.

경험되는 모든 것들은 진정한 내가 아니라는 것을 '각(覺)'하는 것이 견성입니다.

9 나는 누구도 만난 적이 없다

출근을 합니다.

아내와 아이들이 인사를 합니다.

오늘 하루도 행복하기를.

길위에서 다양한 사람들이 스쳐 지나갑니다.

직장에서 수일 혹은 수년을 보았던 동료들을 만납니다.

하루 일에 노곤해집니다.

잠이 듭니다.

꿈속에서 지난날 함께 놀았던 친구들이 느닷없이 등장해 회포를 풉니다.

미안하지만 당신은 누구도 만나지 않았습니다.

누구도 존재하지 않았습니다.

오로지 마음속 세상일 뿐.

생시나 꿈이나 당신이 보았던 모든 사람들은 마음속의 환영입니다.

마음속에서 사람들도 당신도 존재합니다.

마음이 없으면 사람들도 존재하지 않습니다.

마치 화면이 없으면 나타날 수 없는 TV속 배우들처럼.

마치 도화지가 없으면 나타날 수 없는 그림처럼.

당신이 만난 것은 마음속의 현상일 뿐입니다.

당신이 실제로 만난 것은 마음뿐입니다.

사실 마음속의 사람들을 만난 당신도 그 사람들과 같은 신기루일 뿐.

꿈속에서 A를 만나 차를 마신다.

A의 꿈속에서 나와 차를 마신다.

꿈이 꿈을 만나고 있다.

불가에서 말하는 무한히 겹치면서도 서로 침범하지 않는 중중무진의 세계, 곧 인드라망(因陀羅網)[1]입니다.

'마음이란 암자' 밖의 세상은 없습니다.

암자 밖 타인은 없습니다.

---

1) 간단하게 말하자면 꿈들이 무한정으로 겹쳐진 세계를 말한다. 화엄법계에서 참나로 이루어진 이 세상을 표현한 것이다.

10 시각

우리는 과연 생각하고 믿었던 세상을 살고 있습니까.

우리는 흔히들 3차원의 세계에 살고 있다고 알고 있습니다.
차원의 구분은 인식의 한계에 따라 달라지는 것이지요.
0차원은 점의 세계, 1차원은 선의 세계, 2차원은 평면의 세계, 3차
원은 입체의 세계, 4차원은 시간과 공간세계라고 합니다.

시각의 관점에서 볼 때, 1차원 선의 세계에 존재가 있다면 서로를
점으로 보게 되며, 2차원의 평면의 세계의 존재는 서로를 선으로, 3차
원 입체의 세계는 평면으로, 4차원은 변화하는 입체로 서로를 보게
됩니다.
우리는 3차원의 세계를 순간마다 살아가며 나 아닌 다른 사물이나
상대방을 평면으로 바라봅니다.

평면으로 본다는 게 믿어지는가요.
입체로 본다고 착각하지만, 우리는 타인이나 사물을 바라볼 때 앞
면만 보지 뒷면을 볼 수 없음은 자명하기에 사실 우리는 평면으로 세
상을 보는 것입니다.
입체로 보고 있다는 것은 눈과 감각과 생각의 저장물인 기억의 조
작에 의한 착각이고 상(想)이고 생각입니다.

무심코 의존하는 시각의 세계는 이와같이 불완전한 것이며 생각으로부터 이루어진다는 사실이 믿어지십니까.

생각이 없으면 눈에 보이는 모든 사물은 동일합니다.
저것이 꽃이라고 생각하지 않으면, 꽃이라고 부르지 않는다면 꽃은 없습니다.
있으면서 없습니다.
있음과 없음은 모두 진실입니다.

헤어졌던 사람과 꿈속에서 만났습니다.
꿈속의 그 사람을 눈으로 보았던가요.
꿈꾸는 사람은 눈으로 보지 않습니다.
꿈속에서 너무도 생생하게 만났던 사람은 꿈이라는 생각 속의 등장인물이었습니다.

눈으로 본다는 것은 완전하지 않는 시각을 통합니다.

시각 이전의 것은 무엇입니까.

제3장

무아(無我)와 공(空)

1 무아(無我)

 불교의 핵심사상 중 하나가 삼법인(三法印)[1]입니다.

 불법의 세 가지 특징인 것이지요.

 무상, 고, 무아를 일컫는데, 제행무상(諸行無常), 일체개고(一切皆苦), 제법무아(諸法無我)라고 하며 열반적정(涅槃寂靜)을 더하면 사법인이 됩니다.

 모든 현상은 반드시 변화하며, 모든 현상은 괴로움을 동반하며, 영원불변한 실체는 없다는 뜻입니다.

 몸과 마음이 이렇게 존재하고 있는데 '내가 없다'는 것은 도대체 무슨 의미일까요.

 여기서의 '나(我)'는 개별적 정체성을 가진 개체를 의미합니다.

 개별적 실제 혹은 영원한 자아는 존재하지 않는데, 존재한다고 착각한다는 것입니다.

 '무아'는 몸과 마음이 실제로는 그 속하는 데가 없다는 뜻입니다.

 몸과 마음은 동일한 주체에 속한 부분이 아니라 변하는 현상일 뿐인데 마음에서 생각이 일어나 '나'라고 집착하는 데서 '개별적 나'가

---

1) 삼법인은 대승불교가 초기경전에서 나타나는 부처의 사상을 세 가지로 특징지운 것이다. 여기에 열반적정을 덧붙이는데, 앞의 삼법인을 깨달으면 일체의 괴로움을 벗어나 열반의 경지에 이른다는 것 혹은 열반의 경지라는 것을 의미한다.

태어나게 된 것입니다.

어릴 때의 나는 지금의 내가 아닙니다.
축적된 생각의 무더기인 기억이 나라고 붙들고 있을 뿐, 어릴 때의
나는 이미 사라졌습니다.

그럼에도 불구하고 지금도 존재하는 것같은 나는 누구일까요.

'나'는 생각의 덩어리입니다.
'나'는 환상이고 꿈입니다.
개별적 '나'는 없습니다.

그럼에도 존재하고 있습니다.
누가 존재하고 있나요.
존재하는 것이 없다는 데도 존재하고 있는 이 느낌은 도대체 무엇
인가요.

생각[1]은 바다 위의 파도와 같으며 이름 모를 산새의 지저귐과 같으며, 문득 불어오는 바람과도 같습니다.

모든 것이 저절로 일어나며 저절로 사라집니다.

파도나 산새의 지저귐 그리고 불어오는 바람에 슬퍼하나요?
그런데 왜 생각 때문에 슬퍼하는가요?
생각의 내용에 집착하기 때문입니다.

부처도 선사도 생각은 동일하게 일어납니다. 그러나 그들은 생각의 내용에 머무르지 않습니다.

응무소주 이생기심(應無所主 而生其心)[2]

우리들은 반복적으로 일어나는 생각이 쌓이고 집착하게 되면 진실이라고 믿게 되고 믿고 싶어합니다.

---

1) 생각이라는 우리말은 불경에서 념(念), 상(想), 식(識) 등으로 표현된다. 마 속의 물결들 모두를 생각으로 표현해도 될 것이다.
2) 금강경 장엄정토분의 사구게. '마땅히 머무는 바 없이 그 마음을 내어라'고 풀이한다. 육조 혜능 스님이 이 글귀를 우연히 듣고 깨우쳤다는 일화가 있다.

이렇게 쌓인 생각의 집합물이 우리가 무의식적으로 받아들이는 '에고3)(나)'를 만들어냅니다.

에고는 생각의 무더기일 따름입니다.

생각은 영원하지 않습니다. '나'라는 에고는 반복된 생각들이므로 '나'라는 에고는 영원한 것이 아닙니다.

그러므로 생각과 같이 '에고(나)'는 필연적으로 태어나고 죽습니다.

사실 하루에도 셀 수 없이 나고 죽습니다.

우리는 생각의 덩어리인 에고를 진정한 나로 알고 있습니다.

그러면서 터무니없게 영원을 갈구하고 있습니다.

에고의 죽음은 필연적인 것입니다.

'에고가 나'라는 전제가 이미 틀렸습니다.

죽음의 실체는 '생각의 덩어리인 에고의 죽음'입니다.

붓다가 그토록 전하고 싶었던 것은 에고의 실체에 대한 깨달음이었습니다.

붓다가 그토록 전하고 싶었던 것은 불성 또는 참나4)에 대한 깨달음이었습니다.

---

3) 에고는 분별심을 가지는 개별적 자아를 의미한다. 우리가 일상적으로 부르거나 생각하는 '나'를 말한다. 에고는 참나가 아니다. 결국은 에고나 참나도 없지만, 이 책에서는 이해를 돕기 위해 구별하여 사용한다.

4) '참나'라는 용어는 불완전한 표현이다. 에고와의 구별을 위해서는 명확하게 전달되는 것이 좋은 점인데, 자칫 참나라는 또다른 에고를 만드는 위험이 있다. 참나는 대상으로 인식되는 경계가 아니며 인식하는 '자'가 아니라 인식 그자체임을 자각해야 한다. '참나'가 가리키는 것에 대하여 여러 경전과 선어록에서는 불성, 여래, 주인옹, 본래면목, 그것, 이것, 순수의식, 자기, 정안, 묘심, 무진등, 무근수, 모니주, 심경, 심인, 심월, 니우 등의 이름들이 사용되고 있다. 분명한 사실은 어떠한 언어로도 적합하게 표현할 수 없다는 것이다. 일종의 시그널로 인식하면 족하다. '참나'의 깨달음이 견성이다. 궁극에 있어서는 깨달음도 없다.

생각의 본체는 본디 없습니다.

집착할 만한 일고의 가치도 없습니다.

"나는 생각한다. 고로 존재한다"는 말은 세속적이고 상대성의 세계인 현상계에서만 통용됩니다.

데카르트는 반만 맞고 반은 틀렸습니다.

생각이 나의 존재 곧 불성을 나타내는 것은 맞습니다만 존재를 생각의 단계에 머물게 하는 우(愚)를 범했습니다.

나는 생각 이전에 이미 시작도 모를 순간부터 영원히 존재하고 있습니다.

다만,

그 생각은 어디서 일어나고 사라지고 있는가?

할.

부모미생전 본래면목(父母未生前本來面目)[5]

---

5) 이 화두는 백장선사가 입적한 후에 그의 제자인 사형 위산선사가 사제 향엄 스님에게 '부모미생전 본래면목(父母未生前本來面目)'이라고 물은 일화에서 나온다. '부모가 나를 낳아주기 전에 나의 본래 모습은 무엇인가'라고 풀이한다. 이 화두는 너무나 친절하게 직지인심(直指人心 : 마음 또는 본 모습을 바로 가리킴)하고 있다.

생각 II - 생각의 종류

우리가 '나'라는 에고를 갖게 하는데 결정적인 역할을 하는 생각은 어떠한 것들이 있는지 살펴보는 것도 좋을 것입니다.

불경에서는 생각은 보통 '염(念)', '심(心)', '식(識)' 등으로 표현됩니다.

생각의 종류는 분류하기 나름이기에 정해진 것은 아닙니다.

영가현각 스님은 생각을 다섯 가지의 종류로 나누었습니다.

고기념(故起念), 관습념(串習念), 접속념(接續念), 별생념(別生念), 즉정념(卽靜念)입니다.

고기념은 세간에서의 선하거나 악한 일 또는 무기의 일에 대해 '의도적'으로 떠올린 생각입니다.

오늘 해야 할 일을 머릿속에 떠올리거나 미운 사람을 해코지하려는 생각 등을 들 수 있습니다.

관습념은 수행을 위해 일부러 그런 생각을 하지 않으려고 노력함에도 불구하고 지난 '습에 의해 불현듯' 떠오르는 생각입니다.

갑갑하니 담배를 피고 싶다는 생각이 그 예입니다.

접속념은 결국 떠오른 생각이 '앞의 생각을 이어 나감'으로써 념념상속을 이루는 생각을 말합니다. 외제차가 멋있다는 생각이 떠오르니 차들의 종류가 떠오르고 주위사람들의 평가들이 떠오르고 관련신문기사가 떠오르는 것입니다.

별생념은 앞의 생각이 산란함을 알아차려 후회하는 생각입니다. 미움이 증오로 이어지는 생각이 후회되는 경우입니다.

즉정념은 아예 처음부터 세간의 선악이나 무기의 일을 생각하지 않으려는, 즉 '고요하게 하려는' 생각입니다.[1]

자신을 어지럽히는 생각 때문에 잠을 못자니 이제부터는 생각을 아예 하지 말아야지 하는 생각입니다.

영가 스님은 고기념, 관습념, 접속념, 별생념은 병이고 즉정념은 약이지만 모두 생각이라는 점에서는 똑같다고 통찰하였습니다.

고기념은 다른 네 가지 념과는 달리 자유의지로 홀로 일으킨 듯하지만, 고기념도 현상에 대한 반응이기에 참나의 순수한 상태가 아닙니다.

연기에 의해서 현상과 동시에 나타나는 것일 뿐입니다.

이와 같은 다섯 가지 생각은 모두 마음에서 떠오른 想일 뿐입니다.

영가 스님은 다섯 가지 념이 멈추어 무념이 된 상태를 '일념상응'이라고 하며 이 일념을 '영지의 자성'이라고 하였습니다.[2]

멈추어 무념이 된 상태라는 것은 일부러 만드는 것이 아니라 다섯 가지 념이 떠오르는 자리자체를 말합니다.

자리자체는 어떠한 생각이 떠올라도 적정하지요.

영지의 자성이 바로 불성이고 참나입니다.

생각을 그 발생순서에 따라서 나누어 볼 수도 있지요.

영명연수 스님은 '종경록'에서 마음을 발생순서에 따라 솔이심(率爾

---

1) 한자경, 선종영가집강해, 불광출판사, 2016. 2. 26, 260–262면.
2) 한자경, 선종영가집강해, 불광출판사, 2016. 2. 26, 264–265면.

心), 심구심(尋求心), 결정심(決定心), 염정심(染淨心), 등류심(等流心)으로 분류하여 설하였습니다.

솔이심은 처음에 경계3)를 마주하면서 문득 일어나는 생각입니다.

심구심은 마주한 경계를 아직 알지 못하므로 그 경계에 대하여 찾고 구하는 생각입니다.

결정심은 그 경계를 알아보고는 결정하는 생각입니다.

염정심은 그 경계에 대한 좋고 싫은 생각입니다.

등류심은 결정심으로 생긴 염정이 계속 똑같이 흐르는 생각입니다.

영명연수 스님은 다섯 가지 심이 모두 망심인 연려심이라고 하였습니다.4)

생각의 공통점을 보면, 우선 경계가 생각과 같이 존재한다는 것입니다.

경계는 안팎으로 일어나는 모든 사물, 현상과 경험을 말합니다.

몸으로 느껴지는 것이나 마음속에 일어나는 모든 정신작용도 경계입니다.

생각과 경계는 같이 존재하고 같이 사라집니다.

연기(緣起)인 것이지요.

두 번째 공통점은, 우리가 흔히 말하는 모든 생각은 망념입니다.

망념이라는 표현은 부정적인 것을 의미하는 것이 아니고, 영원한 실체가 아니라는 사실을 표현한 것입니다.

제행무상(諸行無常)입니다.

항상하는 자성이 없으므로 붙들 필요가 없다는 의미입니다.

---

3) 감각을 일으키는 모든 사물과 현상, 경험, 정신작용.
4) 황정원, 종경록과 마음, 광거재, 2015. 6. 16, 28－30면.

세 번째 공통점은, 생각도 참나에서 일어나는 것이므로 사실 참나의 일부분입니다.

참나 즉 진심은 우리가 가진 지각시스템으로 모양과 형체를 절대 인식할 수 없는 것이지만, 생각을 포함한 모든 경계를 통하여 작용하여 나타납니다.

망념이 진심의 작용이고 진심없으면 절대로 망념도 없습니다.

④ 생각 Ⅲ - 생각하는 자

쉴새없이 떠오르는 생각은 누가 하는 것인가요.

우리는 오랫동안 머릿속 생각은 나만의 정체성을 나타내며, 나의 소유물인 본질적 무형물이라고 받아들여 왔습니다.

'아무도 나의 생각을 속박할 수 없습니다.

나의 생각은 나만의 것이기에 어떠한 권력이나 외압도 간섭할 수 없는 절대적 자유의 영역입니다.

생각은 내면의 영역입니다.

몸안의 영역입니다.

생각은 내 것입니다.'

그러나 생각이 내면의 영역이 아니고,[1] 생각이 독자적인 '나'가 일으킨 것이 아니라면 믿을 수 있을까요?

생각은 내가 하는 것이 아닙니다.

생각도 연기의 산물입니다.

생각은 인연이 맞으면 생겨나고 인연따라 사라집니다.

---

1) 마음은 안과 밖의 구별이 없는 무경계의 영역이다.

생각은 외부의 대상이나 앞선 생각에 반응을 일으켜 이루어집니다.
생각을 속박하는 것은 생각입니다.
홀로 고독한 생각이란 없습니다.
홀로 있는 '나'는 원래 없습니다.
'나'라는 자의식도 생각의 일종입니다.

생각을 일으키는 자는 원래 없습니다.
생각을 일으키는 자에게 원래 자유는 없습니다.
생각은 현상적 경험이고 생각하는 자도 현상적 경험입니다.

'생각하는 자'는 '생각'입니다.

5 생각 IV – 생각 바라보기

참나를 깨닫는 방편 중 하나가 '생각 바라보기'입니다.

생각을 스치는 바람을 보듯이, 앞 산을 보듯이, TV화면을 보듯이 바라보는 것입니다.

위빠사나수행의 한 방법이기도 하지요.

위에서 언급한 것처럼 생각은 내가 하는 것이 아닙니다.

생각은 내가 하는 것이 아니라는 사실이 명확해지면 생각은 나의 것이 아니기에 홀가분해집니다.

생각이 나의 것이 아니기에 생각이라는 대상과의 동일화는 끊어지게 됩니다.

물론 이 점이 힘든 과정이기도 합니다.

대부분의 사람들은 떠오르는 생각에 잠기고 급기야 감정이 일어나 행위로 연결됩니다.

그렇다고 생각을 멈추는 것은 지극히 어렵습니다.

억지로 생각을 누르면 여러 가지 부작용이 생겨납니다.

길가의 잡초는 돌로 눌러놓아도 다시금 자랍니다.

단지 나의 것이 아닌 생각을 바라만 봅시다.

눈앞을 지나가는 사람들을 바라보듯이 생각을 바라봅니다.

놓아둔다고 해도 좋겠습니다.

철저히 무관심한다 해도 좋겠습니다.

사실 생각을 잡는 이유는 집착 때문입니다.

얻고 싶고, 기쁘고 싶고, 이루고 싶어하는 집착 때문입니다.

그 집착도 알고 보면 생각입니다.

눈앞을 지나가는 타인들에게 당연히 관심이 없듯이, 생각을 먼산
보듯이 바라보고 있으면 생각은 이내 사라짐을 알게 됩니다.

점차 생각을 대상화하는 과정[1]도 사라집니다.

그리고 생각을 바라보는 나[2] 즉 바라본다는 생각도 사라집니다.

모든 생각은 파도처럼 생겨나고 바다로 합일되어 사라집니다.

결국 생각이 물결처럼 일렁이는 바다만 남을 뿐입니다.

생각이 일어났다 사라지지만 그 자리, 불성만 남을 뿐입니다.

---

1) 인식 또는 분별하는 과정. 사물을 대상화하는 것이 무명의 또다른 모습이다.
2) 이 단계가 위빠사나수행의 한계이기도 할 것이다. 觀하는 수행인 위빠사나수행
   은 觀하는 자(생각)가 사라져야 진정한 깨달음에 도달하게 된다.

6 인간

모든 괴로움의 원인 중 하나는 내가 인간이라는 전제를 인정하는 데서 일어납니다.

나는 '동물과 다른 존재'인 인간인가요.

몸과 정신작용만을 기준으로 분별한다면 대체로 사실이라고 할 수 있습니다.

그러나 진정한 나의 본모습이 내면적 정신세계와 몸으로 이루어진 개별적이고 한정적인 '인간인 나'가 아니라, '나와 세계를 포함한 모든 것'이라는 것을 깨닫게 된다면 어떻게 될까요?

괴로움과 고통은 사라지게 됩니다.

고통받는 주체가 없었고 주체라고 여긴 '개별적 나'는 생각으로 이루어진 환영과도 같은 것이었습니다.

괴로움과 고통을 겪는 '개별적인 나'가 없다는 사실은 혁명적인 인식의 전환이지만 일찍이 2500여 년 전의 고타마 싯다르타가 진리로서 전하였던 것이었습니다.

혜능이 전하였고 라마나 마하리쉬가 전하였으며 숭산이 또한 전하였습니다.

그들이 전한 진리는 무서우리만큼 동일합니다.

'나는 몸과 마음을 가진 인간이 아니다.
언어로 이름 붙일 수 있는 어떠한 것도 나는 아니다.'

깨어남(깨달음의 상태로 가게 하는 각성의 경험)이 이루어지면 순간 나는 인간이 아니다는 것이 저절로 알게 됩니다.

그러면서 육도[1]의 윤회를 경험하는 주체들이 환상임을 깨닫게 되는 것이지요.

이 세상에서 움직이는 모든 생물들도 참나 즉 불성을 가지고 있다는 것도 알게 됩니다.

강아지도 '불성'이 있습니다.

이해하게 되는 것이 아니라 당연히 그렇구나 하고 알게 되는 것이지요.

부처도 아니고 중생도 아니고 마음도 아니다.

불시심(不是心), 불시불(不是佛), 불시물(不是物)[2]

---

1) 중생의 업에 따라 태어나는 존재양상의 여섯 가지인 천상·인간·아수라·축생·아귀·지옥의 세계를 의미하는 불교교리.
2) 원오극근저, 석지현 역주해설, 벽암록2, 28칙, 민족사, 2013. 6. 25, 150면.

주관은 객관을 따라 소멸하고
객관은 주관을 따라 사라진다.

객관은 주관으로 말미암아 객관이요
주관은 객관으로 말미암아 주관이다.[1]

우리는 주관과 객관이 존재하는 이원성의 세계를 살아갑니다.

불성이라는 절대계의 시각으로 보면 이 세상은 주관과 객관으로 나눌 수 없는 일원성의 세계입니다.

이 세상은 이원성과 일원성이 혼재되어 존재합니다.
엄격하게 말하면 일원성의 세계가 진실이고, 이원성의 세계는 일원성의 진실에서 피어난 환상인 것이지요.

'객관'이란 '개인의 생각이나 감정에 치우치지 않고 있는 그대로 사물을 보거나 생각하는 것'을 말합니다.

---

1) 김태완, 선으로 읽는 신심명, 침묵의 향기, 2010, 26면.

그러므로 일반적으로 '객관'이라고 하는 것은 진리라고 추정하게 됩니다.

하지만 조금만 더 고찰해보면 굳이 절대계를 언급하지 않아도 '객관'이란 정의 자체가 객관적이 아니라는 것을 알게 됩니다.

개인을 벗어나 다수가 주체가 된다고 하더라도, 있는 그대로 사물을 '보거나 생각하는' 행위라는 개인적 주관의 집합일 따름이니까요.

'객관'이란 언어는 인간이 만든 것이기에 인간 사이의 약속입니다.

객관이라고 하자는 약속이지요.

약속을 만든 인간은 객관적일 수 없습니다.

인간은 철저히 주관적인 주체이기 때문입니다. 인간의 모든 표현은 '인식'이라는 주관적 생각에서 나오지 않는가요.

또한 '객관'의 원래 뜻을 달성하려면 '주관'과 상관없이 존재해야 합니다.

그러나 '객관'은 '주관'없이는 존재할 수 없습니다.

'주관'이라는 비교의 대상이 사라지면 '객관'의 존재이유는 사라지기 때문입니다.

이것이 바로 지금 현상계가 이원성의 세계라는 점을 확인시킨다고 할 수 있습니다.

'주관'이란 무엇인가요.

자기의 생각이나 견해입니다.

개별적 나의 생각이나 견해입니다.

개별적 나도 생각의 덩어리이기에, 실체가 없는 '개별적 나'의 생각이나 견해도 결국 실체가 없습니다.

결국 개별적 나라는 '주관'이 사라진 자리에 남는 것은 무엇인가요.
'나'라는 생각이 사라졌는데도 느껴지는 것은 무엇인가요.
'주관'과 '객관'이 사라졌는데도 존재하는 것은 무엇인가요.

몸뚱아리도 세상도 그대로 있습니다.
'나'는 없는데 모든 것은 그대로 있습니다.
그 모든 것이 바로 진실입니다.
그 모든 것이 바로 참나입니다.
단지 익숙하지 않아 믿지 못할 뿐입니다.

참나의 입장에서 본다면 모든 세상은 철저한 주관의 세계인 것이지요.[2]

임제 스님이 저녁법문(晚參)에서 대중들에게 말씀하셨습니다.
참나를 찾게 하는 네 가지 방편을 제시한 것인데 주관과 객관이 참나를 흐리게 하는 요인임을 분명하게 지적하며, 주관과 객관을 다루면서 깨달음에 이르는 방편의 길들을 제시하고 있습니다.

"어느 때에는 사람[주관]은 빼앗으나[부정함], 경계[객관]는 빼앗지 않고,
어느 때에는 경계는 빼앗으나 사람은 빼앗지 않으며,
어느 때에는 사람과 경계를 모두 빼앗고,
어느 때는 사람과 경계를 모두 빼앗지 않는다."
師晚參에 示衆云, 有時奪人不奪境이요

---

2) 참나의 입장에서 본 언어적 표현일뿐이다. 참나는 개별적 자아가 아니기에 개별적 자아의 '주관'과는 본질적으로는 다르다.

有時奪境不奪人이요 有時人境俱奪이요 有時人境俱不奪이니라.[3]

주관과 객관은 서로 얽혀서 의지하는 나무덩쿨처럼 존재하고, 하나만 사라져도 다른 하나는 무너져 존재할 수 없게 됩니다.

주관과 객관을 모두 빼앗지 않는 것은 주관과 객관이 서로 존재하면서도 분별의 충돌이 일어나지 않는, 최상승선의 경지 중 하나이며 화엄의 이사무애법계[4]의 경지를 일컫는다고 볼 수 있을 것입니다.

---

3) 김태완 역주, 임제어록 "사료간", 침묵의 향기, 2018. 10. 30, 77−80면: 사람은 주관이고 경계는 객관이다. 사람은 마음이고 경계는 세계, 사람은 理이고 경계는 事, 사람은 본질이고 경계는 현상, 사람은 空이고 경계는 色으로 대응할 수 있다.
4) 현상과 본체와의 상관관계를 설명하는 화엄의 사법계(사법계, 이법계, 이사무애법계, 사사무애법계)의 하나이다. 신라의 의상 스님은 이이무애법계를 더하였다. 한국민족문화대백과사전 https://100.daum.net/encyclopedia/view/14XXE0022620 2020년 3월 29일 방문.

8 타율적 자유

인류의 역사는 자유를 위한 투쟁이라고 해도 과언이 아닙니다.

현재 모든 민주주의 국가에서 헌법상 보장되는 기본권은 다양하지만, 보호되는 권리 중에서 자유권이 가장 오래된 권리입니다.

자유는 무엇인가요?

자유는 인간을 독립적이며 자율적인 존재로 보는 인간관을 전제로, 소극적으로는 인간이 외부의 구속을 당하지 않고, 적극적으로는 자신의 판단과 의지에 따라 선택하고 행동할 수 있음을 뜻합니다.

이러한 자유에 대한 개념은 타인와 나를 전제하고 타자의 의사에 따른 비자발적인 행위강제에서 벗어난다는 것입니다.

또한 사물에 대한 자신의 인식과 판단하에 미래의 선택과 행위를 스스로 한다는 것입니다.

절대계의 개념인 참나의 입장에서 보면 위와 같은 자유의 개념은 불완전합니다.

참나의 입장에서는 '타인', '나', '인식과 판단'이 환상이며 무상한 것입니다.

참나를 깨닫지 못한 상태에서의 자유는 생각·감정·느낌에 구속된 타율적 자유이며 절대적 자유가 아닙니다.

하지만 대부분의 사람들은 그것을 인식하지 못하고 살아갑니다.

깨어나는 순간, 깨달음을 맛본 순간 느끼는 표현 중에 '밑이 쑥 빠진다' 혹은 '무거운 짐을 확 내려놓는다'는 말들이 있습니다.

이러한 느낌은 바로 타율적 구속이 아닌 무한한 참나의 자유를 맛본 것이라 할 수 있습니다.

현상계의 자유와 절대계의 자유가 가져다주는 것은 분명히 다릅니다.

현상계의 자유는 영원히 존재할 수 없습니다.

단지 잠시 그러한 자유를 누린다는 착각이라는 망상일 뿐입니다.

현상계인 현실에서 타인이나 국가의 구속이 없고 원하는 대로 자유롭게 행위하는 자는 과연 늘 행복한가요?

늘 행복할 수 없는 이유는 자유를 규정하는 중요한 요인인 '타인', '구속', '인식과 판단'이 늘 변하는 상대적인 개념과 생각이라는 점에 있습니다.

진정한 자유는 생각, 감정, 느낌이 만들어낸 망상적 자유가 아니라 생각, 감정, 느낌에 타율적으로 휘둘리지 않음으로써 마침내 찾는 전일체성의 자유입니다.

나와 남이 없고, 구속이라는 두려움이 없고, 욕망으로 이루어지는 인식과 판단이 없다면 본래 자유로웠던 것입니다.

진정한 자유는 생각, 감정, 오감의 연기에 따르지 않는 것입니다.

보다 정확한 표현을 하자면, 따르지 않는 것이 아니라 본래 따를 것이 없었다는 말입니다.

"우리들은 자신이 '생각하는 대로' 행동하고 있다고 느끼지만, 실제로는 '생각' 그 자체는 '나의 것'이 아니라 단지 여러 가지 조건에 따라서 마음속에 '문득 떠올라 온 것'에 지나지 않는다."[1]

"현실에는 의식의 흐름만 존재하고, 욕망은 그 흐름안에서 생겨났다가 사라질 뿐이다. 욕망을 소유하는 불멸의 자아는 존재하지 않는다. 따라서 내가 내 욕망을 결정론적으로 선택하는지, 무작위로 선택하는지, 자유의지로 선택하는지 묻는 것은 무의미하다."[2]

생각과 행동은 지나가는 바람(風)일 뿐입니다.

---

1) 우오가와 유지. 이광준 옮김, 깨달음의 재발견, 조계종출판사, 2017. 3. 27, 66면.
2) 유발 히라리, 호모데우스 미래의 역사, 김영사(e북), 2017, 397면.

9 고타마 싯다르타의 평등

평등은 절대적 평등과 상대적 평등이 있습니다.

'모두에게 똑같이' 주는 것이 절대적 평등이고, '각자에게 그의 것을' 주는 것이 상대적 평등입니다.

평등의 적용과 의미는 상황에 따라 달라집니다.

모두에게 1표인 투표권을 주는 것은 절대적 평등의 영역이고, 잘사는 사람은 세금을 더 내야 한다는 것은 상대적 평등의 영역입니다.

주목해야 할 점은, 평등은 항상 '비교대상'을 필요로 한다는 것입니다.

고타마 싯다르타는 계급사회에서 수행자들의 차별없음을 설하였으므로 모든 인간들은 평등하다는 것을 일찍이 강조하였다고 알고 있습니다.

경전에서도 평등심, 평등지, 평등시, 평등계, 평등관, 평등신 등의 용어를 발견합니다.

고타마 싯다르타가 주장한 평등은 무엇일까요.

단지 남과 비교해서 차별하지 마라는 뜻인가요.

고타마 싯다르타의 '평등'에는 비교대상은 존재하지 않습니다.

참나이자 불성이자 마음은 주체와 객체가 없는 세계이므로 차별자체가 존재하지 않습니다.

고타마 싯다르타의 '평등'은 평등하게 하려는 의지자체가 없습니다.
너와 내가 없는데, 누가 무엇을 차별하는가요.
인간이나 동물도 모두 드러난 현상이라는 점에서 동일합니다.
만물이 '원래' 평등합니다.

부처의 세상에는 평등과 불평등자체가 없습니다.
전체가 하나이자, 하나가 전체입니다.
'위없는 평등'입니다.

고타마 싯다르타는 평등하라고 한 적이 없습니다.

10 잠깨는 순간

4여 년 동안 가족이 되어 곁을 지키는 반려견 아지가 있습니다.

깊이 잠든 밤 아지의 바스락 움직이는 소리에 문득 잠이 깨고 맙니다.

비몽사몽의 순간 미처 여기가 어딘지 분간이 안되는 때가 있습니다.

바로 이 순간입니다.

참나를 일견하는 순간입니다.

바스락 소리를 들은 나는 누구인가요.

생각은 미처 일어나지 않고 있습니다.

'에고'는 아직 깨어나지 않았습니다.

어딘지 아직 모를 정도로 깊은 잠에서 깼는데, 잠을 잤다는 것을 생각없이 저절로 아는 자는 누구인가요.

꿈꾸는 나는 누구인가요.

꿈도 없는 깊은 잠속의 나는 누구인가요.

생각도 감정도 느낌도 없습니다.

'없음'을 알면서도 존재하는 이 느낌은 무엇인가요.

꿈도 없는 깊은 잠속에서도 잠이 깬 생시에도 늘 존재하는 나는 도대체 누구인가요.

"오매일여(寤寐一如)는 만들어 이루어지는 것이 아니라, '본래 스스로 오매일여가 되어 있는 것을 깨달음'만이 영원한 오매일여라 말할 수 있습니다."1)

---

1) 대원 스님, 진흙속에서 달이 뜨네, 불광출판사, 2021, 104면 : 오매일여란 꿈속에서나 깨어서나 늘 한결같은 하나라는 것이다.

11 예술가와 구도자

예술은 인류문화의 마지막 꽃봉오리입니다.

본질적으로는 이해타산을 생각할 수 없는 분야이기에 돈이나 물질 그리고 권력과 어울리지 않는 분야이기도 하지요.

타오르는 열정을 투박함에서 지극한 세련미로 승화하는 치열한 연습과정을 통하여 결국 정점을 피어오르게 하는 그 극치미란.

예술가와 구도자는 너무나 닮은 점이 많습니다.

그 열정은 세속적 집착과 욕망과는 비슷하지만 다릅니다.

가지려는 것이 아니고 태운다는 점에서 내려놓는 것과 너무 흡사합니다.

예술가가 도달하는 극치는 당사자가 아닌 사람은 절대 느끼지 못한다는 점은 동의할 것입니다.

또한 구도자가 그토록 도달하고자 하는 극치는 '깨달음'이고 깨달음에 관심이 없거나 얻지 못한 사람은 결코 느끼지 못합니다.

예술의 극치는 '개별적 나'의 상태에서는 도달하지 못합니다.

'개별적 나'는 원천적으로 인간이라는 것, 세속의 탐욕적인 가치인 재산, 명예, 인기 등에 대한 집착이라는 주관적 한계를 가지고 있습니다.

만인을 울리는 예술작품을 완성하는 것은 개별적 나라는 한계를 벗어날 때 주로 이루어지는 것입니다.

개별적 자기를 잊고 한계를 잊고 그로부터 나오는 지복에 도취되어 나오는 숙련된 예술품은 모두의 공감을 얻을 수밖에 없습니다.

원초적 본능같이 모든 인간이 갈망하는 노스탤지어, 너와 나의 구별이 없는 천국의 향기를 풍기기 때문입니다.

위대한 예술가는 찰나를 느껴본 사람일 수밖에 없습니다.

허덕이는 중생의 세상으로 다시 돌아갈지라도.

공(空)

무생빙목 생적화야

無色氷木 生赤花也

'공(空)'은 없다 또는 비었다는 뜻입니다.

그러나 허공과는 다릅니다.

허공은 물질적 현상계에서 눈에 보이는 시각적 대상이 없다는 뜻이지만, 불경에서의 '공'은 물질로는 눈앞에 꽉 차 있지만 실제는 없는 것과 다름없다는 뜻입니다.

'공'은 '텅 빔'을 말하는 것이 아니라, 모든 것이 일체이고 일체는 연기로 이루어지며, 일체가 하나이기에 하나도 없음을 의미합니다.

'아공'은 개별적 자아가 없다는 것입니다.

'법공'은 법이고 진리고 불성이고 하는 추상적인 것도 없다는 것입니다.

인위적으로 비우고 비워 '공'에 머물러야 선정에 든다는 것은 깨달음없는 알음알이의 수행법일 따름입니다.

생각은 망상입니다.

나라는 것도 생각이기에 망상입니다.

내가 없으면 부처도 인과(因果)도 없습니다.[1]

분별하는 내가 없어, 분별할 아무것도 없기에 공이라고 하는 것입니다.

비우는 자가 없이 원래 '공'입니다.
눈앞에 많은 사물이 존재하더라도 분별이 없으니 모두가 하나입니다.
그러므로 있으면서도 없습니다.
있으면서도 없는 '공'이 바로 불성이요 참나입니다.
없으면서도 묘하게 살아 움직이는 것이 바로 불성이요 참나입니다.
진공묘유(眞空妙有)입니다.

---

1) 김태완, 선으로 읽는 대승찬, 침묵의 향기, 2008, 174면.

13 연기(緣起)

고타마 싯다르타가 처음으로 설한 것 중 하나가 바로 연기(緣起)입니다.

초기불교의 연기론은 무명·행(行)·식(識)·명색(名色)·육입(六入)·촉(觸)·수(受)·애(愛)·취(取)·유(有)·생(生)·노사(老死) 등 12개의 단계로 이루어지는 12지연기(十二支緣起)로 표현됩니다.

단계로 이루어지지만 모든 단계가 일순간 이루어집니다.

생각의 흐름을 대입하면 좀더 쉽게 이해할 수 있습니다.

어떤 사물을 대하며 파악하려는 생각이 일어나고, 감정이 일어나고, 집착이 생기고, 있음에 대한 착각이 일어나고, 또한 사라진다는 것입니다.

이러한 연기법의 핵심은, 모든 것은 본래의 자성 즉 고유한 존재성을 가지지 않는다는 공(空)을 의미하며 홀로 존재하는 것은 없다는 것입니다.

결국 연기(緣起)와 공(空)은 같은 의미입니다.

"연기는 여러 가지 원인에 의하여 생기는 상관관계의 원리이다. 연기란 인연의 이치를 말하며 이를 차연성(此緣性 : 이것에 연유하는 것, 相依性)이라고 하는데, 현상의 상호 의존관계를 가리킨다. 현상은 무상하며 언제나 생멸(生滅), 변화하는 것이지만, 그 변화는 무궤도적(無軌道

的)인 것이 아니라 일정한 조건하에서는 일정한 움직임을 가지는 것이며, 그 움직임의 법칙을 연기라 한다.

이 법칙은 부처의 출현과는 관계없이 법(法)으로 결정되어 있는 차연성의 것이다. 연기설의 가장 기본적인 것은 "이것이 있으면 그것이 있고, 이것이 생기기 때문에 그것이 생긴다. 이것이 없으면 그것이 없고, 이것이 멸하기 때문에 그것이 멸한다"라는 불설(佛說)에 근거를 두고 있다. 이 말의 뜻은 조건에 의하여 생기는 현상의 법은 그 조건을 없앰으로써 모두 멸할 수 있는 것이라는 것이다.

연기와 법은 불교의 근본적인 특징으로서의 법인설(法印說)로부터 연기설이 생긴 것이므로, 연기설은 불교의 근본설이며, 연기를 법 자체라고도 한다. 원시 경전 속에서 "연기를 보는 자는 법을 본다. 법을 보는 자는 연기를 본다"라든가 "연기를 보는 자는 법을 본다. 법을 보는 자는 나(佛)를 본다"라고 되어 있는 것이 그것이다."[1]

연기는 현상계의 법칙입니다.

위 사전에서 언급한 대로 연기는 고타마 싯다르타가 만든 것이 아니라 있는 그대로의 현상입니다.

연기는 고타마 싯다르타가 창조한 것이 아니라 발견하고 깨달은 것입니다.

연기는 色의 흐름입니다.

그러나 12연기의 그 흐름은 시간적으로 단계적으로 보는 것보다는 찰나로 보는 것이 더 적절합니다.

찰나로 일어나고 있기에 우리가 쉽게 이해하지 못하는 것이지요.

---

1) 한국민족문화대백과사전, https://100.daum.net/encyclopedia/view/14XXE0036708. 2020년 5월 1일 방문.

아침에 눈을 뜨면 나와 세계는 동시에 생겨납니다.
밤에 잠이 들면 나와 세계는 동시에 사라집니다.
나와 세계는 필연적으로 연기적 관계입니다.

애석하게도 우리는 나와 세계를 별개로 보며 살아갑니다.
분별이나 생각으로 생겨난 나와 세계 속에서 우리는 있지도 않은
희노애락을 겪으며 살아갑니다.
분별이나 생각도 다 연기적 존재입니다.

나라는 생각, 저것은 자동차라는 생각이 없으면 어떻게 됩니까.
분별이나 생각이 없으면 12연기 속의 나와 세상은 空입니다.
현란한 색깔과 느낌으로 연기적으로 등장하는 나와 세상은 깨닫고
보면 空입니다.

空이되 꿈틀대고 있습니다.
空이되 알고 있습니다.

14 시간

붓다는 "마음으로 망령되어 과거의 법을 취하지도 말고, 또한 미래의 일에 대해서도 탐착하지 말고, 현재에도 머물지 않으면 과거·현재·미래 삼세가 모두 공적함을 깨닫는다"고 하였습니다.[1]

우리의 삶은 영원한 이 순간이지 과거와 미래는 동시에 존재하지 않습니다.
진실은 우리가 이 순간만 경험하고 있다는 것입니다.
사실 이 순간도 없고 나타나고 사라지는 경험만 있을 뿐입니다.

순간의 방에만 살고 있는데 순간이 연속되어 시간을 생각으로 의식하는 것입니다.
시간의 척도로 추측하는 과거와 미래의 실체는 실제로 현재 존재하지 않습니다.
다만 생각으로 이 순간 그려낼 수 있을 뿐.

시간의 개념에서의 이 순간, 즉 현재도 없습니다.
단지 늘 변화하는 상들만 있고 없고를 반복할 따름입니다.

---

1) 대혜종고(무비역해), 이것이 간화선이다, 민족사, 2013, 323면 : 취하고, 탐착하고, 머무를 과거·현재·미래는 없다는 뜻이다.

1초 전의 모든 사물과 생각은 1초 후와 다릅니다.

변하지 않는 것은 무엇인가요.

변하지 않는 것(空)은, 모두가 의식적이든 무의식적이든 알고 있으면서도 단지 깨닫지 못하고 있을 뿐입니다.

우리의 세상은 견문각지라는 생각의 세상일 뿐입니다.

견문각지가 공(空) 속에서 상(想)으로 드러나고 있는 것입니다.

이 변하지 않는 공(空)이 보이지 않으시나요.

15 입자와 파동

    양자역학의 '이중 슬릿' 실험[1]에서는 '관찰자효과'라는 것이 있습니다.

    우선 김선숙 박사의 설명을 들어보겠습니다.

    소립자인 전자나 빛은 파동과 입자의 양면성을 갖고 우리가 눈으로 보는 물질세계와 달리 운동량과 위치 또는 시간과 에너지를 동시에 측정할 수 없는 불확정성의 원리가 적용된다. 또한 전자는 관찰하는 태도나 방법에 따라 입자가 되기도 하고 파동이 되기도 한다(상보성). 이중 슬릿 실험에서 소립자는 관찰자가 없을 때 파동으로 즉 확률로만 존재하다가 관찰자가 소립자를 관찰하는 순간에 입자처럼 반응한다. 바라보는 작용 하나만으로 마치 물질인 소립자가 마음을 갖는 것처럼 반응하는 것이다. 즉 객관적인 실체는 존재하지 않으며 관찰이라는 행위를 통해 입자냐 파동이냐라는 사물의 실재가 달라지게 된다. 이중 슬릿 실험에서 관찰한다라는 의미는 전자를 파동이 아닌 입

---

1) 이중 슬릿 실험은 양자역학에서 실험 대상의 파동성과 입자성을 구분하는 실험이다. 실험 대상을 이중 슬릿 실험 장치에 통과시키면 그것이 파동이냐 입자이냐에 따라 결과 값이 달라진다. 파동은 회절과 간섭의 성질을 가지고 있다. 따라서 파동이 양쪽 슬릿을 빠져나오게 되면 회절과 간섭이 작용하고 뒤쪽 스크린에 간섭무늬가 나타난다. 반면 입자는 이러한 특성이 없으므로 간섭무늬가 나타나지 않는다. 이 두 가지 상의 차이를 통해 실험 물질이 입자인지 파동인지를 구분한다. 위키백과 2020년 4월 23일 방문.

자로 보는 것을 말하게 되고, 이때 입자라는 것은 또한 실체를 의미하기도 한다는 것이다.

물질을 다루는 과학에서는 대상(object)은 항상 대상이었는데 양자물리학에서는 대상을 관찰하는 주관이 관찰의 대상이 될 수도 있게 되었다.[2]

간단히 설명하자면, 소립자라는 입자가 '관찰'이라는 주관적 행위가 개입하면 파동에서 입자라는 물질로 바뀐다는 것입니다.

김선숙 박사는 관찰자효과가 불교의 일체유심조와 힌두교의 불이일원론과 일맥상통한다고 보았습니다.

즉 의식이 파동을 물질화시키므로 마음이 모든 것을 이룬다는 일체유심조와 의미가 통하며, '파동과 입자는 둘인 듯하지만 하나이다'는 불이일원론과 그 맥을 같이 한다는 것입니다.

이중 슬릿 효과는 아주 작은 입자의 세계에서 입증되었으며 현재 더 큰 입자도 가능한지에 대한 연구가 세계곳곳에서 진행중이라고 알고 있습니다.

이중 슬릿 효과는 현상계의 일이지만 색즉시공이라는 불교의 가르침과 놀라울 정도로 유사합니다.

'입자가 파동이고 파동이 입자이다'라는 것은 '색이 공이고 공이 색이다'와 상통하는 것이지요.

달리 표현해 본다면, 관심이나 의도가 없으면 오감은 작동하지 않는다는 것입니다.

---

2) 김선숙, 명상의 필요성과 양자물리학의 관찰자효과와의 관련성에 관한 연구 : 관찰자효과의 명상교육에의 활용을 중심으로, 한국정신과학회 제38회 2013년도 춘계학술대회 논문집, 2013. 5.

관찰3)이라는 유위의 행위가 없으면 드러나지 않습니다.

모든 유위의 행위는 생각이나 분별을 동반합니다.

생각이나 분별이 없으면 색은 색으로 드러나지 않고 공인 것입니다.

생각이나 분별이 있으면 색이 드러납니다.

공을 깨닫으면 바로 불성이고 참나입니다.

공과 색이 하나라는 것을 깨닫는 것이 바로 불성이고 참나입니다.

이중 슬릿 효과에 대한 앞으로의 연구결과가 어떻게 결말을 맺을지 기대가 큽니다.

하지만 입자와 파동도, 결국 경계인 색(色)일 뿐입니다.

---

3) 12연기 중 '행'에 해당한다고 볼 수 있다.

제 4 장
깨달음(覺)의 방편

1 깨달음(覺)의 방편들

달마 대사는 전하였습니다.

"만약 부처를 구하고자 할진댄 '반드시 성품을 봄으로써' 곧 부처일 것이요. 성품을 보지 못한 채 염불을 하거나 경을 읽거나 재계(齋戒)를 지키거나 계를 지키더라도 아무런 이익이 없느니라. 염불은 왕생의 인과를 얻고 경을 읽으면 총명해지며 계를 지키면 하늘에 태어나고 보시를 하면 복된 과보를 받거니와, 부처는 끝내 얻을 수 없느니라"[1]

경전이나 선어록을 읽거나, 염불, 사경(寫經),[2] 법문, 참선, 화두 등 깨달음의 길은 다양합니다.

저 자신도 금강경을 읽기 시작하면서 이 길에 입문하였습니다.

우선 경전읽기에 대하여 이야기하자면, 경전해설에 관한 좋은 책이 많이 있다고 하여도 독학으로 경전을 접근하는 것은 시간이 많이 걸리며 이해에 어려움이 많습니다.

개인적 경험을 토대로 보면, 경전이나 선어록의 독서량은 중요하지 않습니다.

한 권이라도 제대로 보는 것이 중요한데 자신에게 적합한 경전이나

---

1) 혜암현문(편저), 묘봉(역), 생사해탈의 관문 선문촬요(e-book), 비움과 소통, 2013. 32면.
2) 불교경전을 베껴 쓰는 것을 말한다.

선어록을 찾기가 쉽지 않습니다.

그야말로 '선연(善緣)'이 필요하다고 할 수밖에 없습니다.

그러나 한 권이라도 관통하면 '지견(知見)'[3]이라도 열리게 됩니다.

쉽지 않지만 독경을 통하여 견성한 사람도 있습니다.

혜능 선사에게 인가받은 영가현각 스님이 그러하지요.

'증도가'로 유명한 영가현각 스님은 천태종에 입문하여 '유마경'을 읽다가 견성하였다고 전해지고 있습니다.[4]

당나라때 선교(禪敎)를 겸수한 규봉종밀 스님도 출가 후에 '원각경'을 읽다가 견성하였다고 합니다.[5]

문제는 '깨달음'은 경전을 통한 이해와는 완전히 다른 세상이기에, 산정상을 올라가고자 했건만 대부분 서점으로 열심히 걸어가는 꼴이 되고 맙니다.

산정상에 올라가지도 못하고 산정상에 관한 이야기에 정통한 사람이 되는 것입니다.

경전을 읽는 것은 생각을 일으켜 또 다른 생각으로 끊임없이 인도하기에 깨달음의 방편으로는 그리 추천하고 싶지 않습니다.

특히 배움이 많은 사람들에게는 약이 아니라 오히려 독이 되는 경우가 많습니다.

그렇다고 경전을 읽는 것을 무시하자는 얘기는 절대로 아닙니다.

---

3) 견성의 전단계를 의미한다. 깨달음의 상태 즉 참나는 어떤 것이라는 이해는 되었다는 것이다. 그러나 아직 체험은 없는 상태이다. 영가 스님은 '증도가'에서 책만 보는 것은 헛될 우려가 크다고 하였다.
4) 경전만으로 깨달았다기 보다는 경전이 모티브가 되었다고 해야 할 것이다. 영가 스님은 깨달음의 스승이 없었다고 전해진다.
5) 황정원, 불교와 마음, 산지니, 2013, 276면.

단지 달을 가리키는 손가락만 열심히 쳐다보는 꼴은 되지 말자는 말입니다.

경전을 읽는 것은 깨달음 이후 보림의 과정에서 빛이 나게 됩니다.

염불만 열심히 해도 된다는 말이 있습니다.

틀린 얘기는 아닙니다.

다만, 매일 장시간 염불하다가도 다시 세상살이로 돌아오니 염불하던 그 순수한 마음이 갖가지 생각과 감정으로 가득차게 된다면 도로 아미타불이 되고 맙니다.

염불하여 간혹 지극히 순수한 참나의 상태를 느끼는 경우가 있는데, 안타까운 것은 그 상태가 참나임을 자각하지 못한다는 것입니다.

깨달음은 참나의 상태를 지속적으로 확실하게 아는 것입니다.

염불하든 세상살이로 돌아오든 '참나의 상태는 늘 나에게 있다'는 자명함을 얻는 것이 깨달음입니다.

얻는다고 표현하였지만 대상을 얻는 것이 아니라 늘 있는 것에 대한 '발견'에 가깝다고 할 수 있습니다.

참선도 마찬가지입니다.

사마타[6]라고 하는 '지(止)'의 상태가 깊어지면 참나를 느낄 수 있습니다.

나도 너도 세상도 없는 상태를 체험한다면 참나를 한번 맛본 것입니다.

그러나 참선에서 돌아와 마음과 세상이 참선하기 전과 같이 돌아가는 '오고 감'이 있다면 역시 깨달았다고는 할 수는 없습니다.

---

6) 사마타는 止 혹은 定이다. 끓어오르는 마음을 멈춘다는 것이다. 위빠사나는 觀이며 현상을 고요히 바라본다는 것이다. 사마타와 위빠사나는 깨달음을 위한 방편들이다.

참선에서 느낀 '고요함'에서 지극한 행복감을 느꼈다면, 정말 놓치기 싫은 느낌을 가졌다면 그것은 깨달음이 아니라 환영과 같은 특별한 감정이나 감각을 맛본 것이지요.

느꼈다는 것은, 느낀 주체와 느낌의 대상이 있는 이원성의 세계에 아직 머물고 있다는 것을 말합니다.

깨달음의 상태는 아무런 느낌이나 감정 그리고 색이 없습니다.

깨달음의 세계는 이원성의 세계가 아니고 대상과 주체가 없는 불이(不二)의 세계입니다.

위빠사나라고 하는 '관(觀)'의 수행도 있는데, 주로 많이 하는 위빠사나 수행중 하나가 '호흡관찰'입니다.

각양각색으로 움직이는 마음을 오로지 '호흡'에 집중하는 것입니다.

화두를 드는 것과 흡사합니다.

그러나 호흡에 집중하면서 얻는 평안함에 안주하면 깨달음과는 거리가 멉니다.

평안함은 일종의 느낌이고 허상이며 신기루입니다.

호흡을 바라보는 자는 누구인가요?

호흡하고 있는 개별적 '나'인가 아니면 또 다른 '나'가 있는가요?

아무도 없습니다.

거기에 깨달음이 있습니다.

일반적으로 가장 많이 시도해보는 것이 화두[7]를 드는 방편입니다.

이를 불가에서는 '간화선'이라고 합니다.

'서장'으로 유명한 대혜종고 스님이 창시했다고 전해지는 간화선은

---

7) 화두로 제시하는 것들은 그 배경을 잘 살펴보면 선사들이 깨달음을 가리키며 던진 말들이 많다. 당시의 상황에만 어울리기에, 무턱대고 화두를 잡고 의정(의심, 의문)을 일으키는 것이 쉬운 것은 아니다.

화두를 통하여 깨달음을 얻는 선입니다.

'이뭣꼬'같은 화두를 자나깨나 마음에 지속하여 들면 깨달음에 이른다는 것입니다.

화두를 들어 깨달음을 얻은 선사들이 있으므로 그 가치를 절대 부정할 수 없지만, 대체로 시간과 과정이 길고 어렵습니다.

저도 '이뭣꼬'화두를 몇 년 동안 들었지만 끝내 답을 얻지 못했습니다.

물론 사람마다의 근기의 차이가 있기에 속으로 '그래, 남보다 업이 적을 리가 있을라나. 다음 생을 위해 씨앗이라도 뿌리자'고 하면서 아쉬움을 달래고 달랬었습니다.

화두는 문자그대로 풀이하면 '말머리'입니다.

'이뭣꼬'할 때 첫 단어인 '이'를 말하는 것이 아니라 '이뭣꼬'라고 하기 전, 다시 말하면 '이뭣꼬'가 어디에서 나왔냐는 것입니다.

'이뭣꼬'가 어디에서 생겨나 어디로 사라졌나 하는 의문의 답을 구하는 것입니다.

사실 이 답은 머리에서 문자의 뜻을 새기고 이해하면서 구하지 못합니다.

그래서 화두가 어려운 것이지요.

대혜 선사는 "화두를 들고 의심을 일으키는 곳을 향해서, 알려고 하지 말고, 또한 사량(思量)하고 헤아리지도 말고, 다만 사량할 수 없는 곳에 나아가서 마음 갈 곳이 없어지면, 마치 늙은 쥐가 쇠뿔 속에 들어갔을 때 '곧 끊어진 곳'을 보게 되는 것과 같을 것이다"고 하였습니다.[8]

---

8) 대혜종고(무비 역해), 이것이 간화선이다, 민족사, 2013, 354면.

'이뭣꼬'를 자나깨나 들되, '이뭣꼬' 외에는 어떠한 생각이나 감정 그리고 오감에 마음이 가지 않을 때, 마치 백척간두에 홀로 서 있다 몸과 마음을 벼랑으로 던졌을 때, 지치고 지쳐 '이뭣꼬'마저 사라졌을 때, 몸과 마음이 완전히 이완되었을 때, 드러나는 것이 바로 참나이고 깨어남의 순간입니다.

대혜 선사가 말한 '곧 끊어진 곳'입니다.

저는 화두를 통하여 깨어남을 맞이하지 않았지만, 깨고 보니 화두선의 길이 보였습니다.

화두도 하나의 방편입니다.

위에서 말한 방편들은 깨달음을 위해 긴요한 수행법들이지만 깨달음 자체는 아닙니다.

방편들은 나룻배입니다.

강을 건너 목적지에 닿으면 버려야지, 들고 갈 수는 없지요.

중생이 불법으로 들어가는 문을 '법문(法門)'이라고 하며, 보통은 고승이나 선사들이 중생을 위하여 베푸는 설법을 말합니다.

법문을 듣는 것도 하나의 방편입니다.

가장 쉽게 깨달음에 접근할 수 있는 방편이라고 생각하지만, 사람마다 사정이 다르기에 절대적 방법이라고 주장하는 것은 아닙니다.

법문을 듣고 깨닫는 것을 간화선(看話禪)과 비교해서 '조사선(祖師禪)'이라고 합니다.

깨달음을 바로 가리키는 조사의 법문을 듣고 '아'하고 깨닫는 것입니다.

대혜종고 스님이 간화선을 일으키기 전까지는 대부분 선사이신 스승의 직접적인 언행(법문)에서 깨달음을 얻었습니다.

고타마 싯다르타가 득도하고 그의 가르침을 받은 제자들[1]도 화두가 아니라 그의 법문을 듣고 깨달음을 얻었습니다.[2]

고타마 싯다르타도 숲속에서의 호흡수행을 권장하였지만, 열반하기 전까지 수없이 제자들에게 법문을 전하였던 것입니다.

법문을 듣는 방편에서 중요한 것은 견성 즉 깨달음을 얻어 무르익

---

1) 고타마 싯다르타의 첫제자들인 콘단냐, 앗사지, 밧디야, 바파, 마하나마 5비구를 말한다.
2) 고익진, 한글아함경 '불설중본기경', 담마아카데미, 2014. 7. 10, 110면.

은 스님이나 선사를 찾아야 한다는 점입니다.

잘 느끼지는 못할지 몰라도, 정보와 지식이 대량으로 쉽게 전달되고 접할 수 있는 이 시대는 과거보다 많은 깨달은 자들이 세계각처에서 나와 그들의 경험을 책이나 유튜브를 통하여 전하고 있습니다.

부처같은 존재일리는 없다면서 마냥 무시하면 끝없는 '고(苦)'의 윤회는 피할 수 없습니다.

고타마 싯다르타도 보리수 밑에서 각성하고 보니 중생 모두가 불성을 지니고 있음을 알았다고 하였습니다.

법문을 들을 때는 가급적 자신의 마음에서 떠오르는 생각을 무시해야 합니다.

그저 법문의 소리와 내용에 몸과 마음을 맡겨야 합니다.

눈밝고 지혜로운 스님이나 선사의 법문은 늘 참나를 직지하며 다양한 용어나 행위를 표현하며 깨달음으로 이끌어 갑니다.

깨달은 스님이나 선사의 법문은 각각 내용과 표현방식이 다르되, 전하는 바는 무서울 정도로 동일합니다.

그러다 언하(言下)에 대오(大悟)하는 것입니다.

법문을 듣고 참나를 깨닫는 것(깨달음을 얻는 것)은 당연하게도 각자의 몫입니다.

'세수하다 코만지기 보다 쉽다'는 행운을 가지시길 진심으로 바랍니다.

하지만 보조 지눌 스님이 '수심결'에서 얘기하고 있듯이 깨달음이 무르익기까지는 또한 꽤 긴 보림기간이 필요합니다.

그래도 "내'가 원래의 '나'가 아니구나, 원래의 '나'는 당연히 삶과 죽음이 없구나"하고 자각하게 되는 것만 해도 어딘가요.

122   覺(각)

법문 Ⅱ

개인적으로는 법문듣는 것을 좋아합니다.

꽤 많은 책들을 읽었지만, 책은 생각을 바탕으로 이해해야 하는 과정이 대부분을 차지합니다.

영가 스님처럼 책속에서 깨달음을 얻은 이도 있다고 전해지지만, 많은 선지식들이 동의하는 바는 법문을 듣는 것이 더 효율적이라는 것입니다.

법문을 듣는 것이 다른 방법보다 진리전달에 있어서 보다 입체적이기에, 좀더 선명하게 다가옵니다.

법문을 들으면, 그 내용뿐만 아니라 선지식의 호흡과 감정, 손동작, 표정, 기운과 분위기가 함께 다가오는 것이지요.

유튜브방송보다는 사실 직접 선지식과 대면하고 법문을 듣는 것이 제일 좋지만, 바쁜 생활 속에 멀리 찾아가는 것은 그리 용이한 일이 아니기에 시간날 때마다 유튜브를 이용하는 것이 나을 것입니다.

이왕이면 선지식의 모습이 선명하게 드러나는 텔레비전의 큰 화면으로 연결하여 보는 것이 좋겠지요.

21세기는 또다른 영성의 시대입니다.

과학기술의 발달은 신비로운 산속 깊은 세상을 바로 눈앞으로 이끌고 나왔습니다.

물질세계의 발전만 앞서갔다고 여겼던 서양에서 오히려 깨달음을 얻은 선지식들이 쏟아져나오고 있습니다.

서양의 선지식들은 불경처럼 어려운 말을 하지 않습니다.

보다 쉬운 용어로 우리에게 다가옵니다.

하지만 외국어로 하는 법문은 그 뉘앙스까지 받아들이기가 쉽지는 않기에 법문의 효과는 반감됨을 피할 수 없을 것입니다.

다행히도 우리나라에도 선지식들이 좋은 법문을 전하고 있습니다.

불교뿐만 아니라 기독교, 도교, 유교까지 꿰뚫어 깨달음을 이르는 길을 다양하게 펼치고 있는 선지식들도 있습니다.

처음에는 조회수가 많은 선사나 거사들의 법문을 듣는 것이 좋습니다.

하지만 많은 사람들이 찾는 법문이라고 하여 자신에게 꼭 맞는 것이 아닙니다.

반드시 각자에게 인연이 절로 맺어지는 법문이 있습니다.

법문들을 듣다보면 선지식들이 전하고자 하는 바는 결국 '불성의 인식(깨달음)'이라는 공통된 목적이 있으며, 표현방법이 다르지만 그 요체는 신기할 정도로 똑같다는 것을 알게 됩니다.

팔만사천경이 가리키는 바가 하나이듯, 선지식들이 전하고자 하는 바도 하나입니다.

법문을 들으면서 방편이나 표현의 내용이 특이하고 그 요체도 다른 선지식들과 다르다고 느낀다면, 그 분은 깨닫지 못한 사람일 확률이 매우 높습니다.

저도 처음에는 한두 분의 법문만을 들었지만, 이제는 마치 다양한 채널을 선택하며 즐기듯이 꽤 많은 선지식들의 법문을 즐깁니다.

예의가 아니지만, 구도의 길을 걷는 수행자의 입장에서 선지식들을

바라보며 느낀 순수한 단상들을 통하여, 수없이 들은 법문들을 잠시 소개해보자면,

작고한 백봉 김기추 선생[1]의 법문은 진솔하고 꾸밈 없음이 드러나 있습니다. 선생의 웃음소리와 구수한 사투리는 탈속함을 절로 느끼게 합니다.

범어사방장인 지유 스님의 법문은 자애롭고 그윽합니다. "세수하다 코만지기 보다 쉽다"하면서 부드럽게 인도하면서도 엄격합니다.

무심선원의 김태완 선생은 "바로 이것"이라고 단순하게 전하는 듯 싶지만, 불교를 학문적으로 전공하신 분이기에 그 깨달음의 깊이의 무거움을 항상 느끼게 하며 믿음을 줍니다.

몽지 선생의 한숨과 호통에는 구도자들의 깨달음을 위한 간절함이 있고, 지적 깊이를 겸비하여 직지인심에 탁월합니다.

릴라 선생의 법문은 논리적이면서도 직접적입니다. 그러면서도 구도자들을 따뜻하게 포용합니다.

법상 스님은 담백하고 정감있는 법문으로 우리가 평소에 겪는 세속의 많은 문제들을 같이 다루면서도 깨달음의 요체를 항상 잃지 않습니다.

홍익학당의 윤홍식 선생은 다양한 지식의 탁월함과 명쾌한 법문으

---

1) 선사라고 존칭하고 싶지만 대부분의 선지식들은 추앙의 이미지 자체를 싫어하기에 스님, 선생으로 호칭하는 점을 밝힌다.

로 깨달음의 지식적 재미를 물씬 음미하게 합니다.

법문을 한번 듣고 깨어나는 분도 있지만 예외라고 할 수 있으므로, 가급적 자신을 쉽게 몰입하게 하는 선지식의 법문을 많이 들어보길 권합니다.

한두 번의 법문으로 판단해서는 안됩니다.

듣는 사람마다 받아들이는 것이 다르기에 매번 선기가 흐르는 법문을 전달할 수는 없습니다.

가급적 직접 법문을 듣는 것을 권합니다.

직접 대면하면서 선의 향기까지 느껴보시길.

줄탁동시!

그 밖에 소개하지 않은 많은 선지식들이 있습니다.

단지 법문을 많이 듣지 못했기에 그들의 법문의 독특한 향기를 명확하게 전달하지 못하지만 깨달음을 위해 많은 도움을 줄 것이라 믿어 의심치 않습니다.

내 마음의 의심을 내려놓고, 생각을 끊고, 법문을 보십시오.

법문의 한 구절 혹은 선지식의 손짓, 호통, 죽비나 종소리의 한 순간 깨달음은 불현 듯 다가옵니다.

'아, 이것이구나'

4 언어

참나를 깨닫는 데 있어서 가장 걸림돌이 되는 것이 '언어'입니다.

언어는 세상을 살아가는 데 있어서 가장 중요하며, 동물과 구분되는 인간만이 가질 수 있는 문화를 이루는 바탕입니다.

우리는 언어를 배울 때 먼저 '나' 'I' 'Ich' 등 자신을 지칭하는 단어를 숙지합니다.

물론 아기가 제일 먼저 배우는 것이 '엄마'라는 단어이지만, 언어세계의 기준점은 '나'가 됩니다.

'나'를 인식함으로써 나 외의 대상으로 이루어지는 세상에 대한 분별기준이 세워지고 세상을 판단하게 되는 것이지요.

만약 어떤 사람이 자기 자신을 '나'라고 인식하지 못한다면 문제가 있다고 여길 것입니다.

참나의 입장에서는 개별적 '나'는 생각의 덩어리인 환상이며 망상입니다.

몸과 마음 그리고 생각은 따로 존재하지 않습니다.

존재하는 듯 하지만 참나라는 진리의 측면에서는 존재하는 것이 아니지요.

언어는 개별적 '나'뿐만 아니라 육근(六根)[1]을 통하여 알 수 있는 모든 것들에 대하여 이름을 부여합니다.

눈에 보이는 사물뿐만 아니라 눈에 보이지 않는 것들도 개념적으로 형성하여 언어로 가리킵니다.

다시 말하면 언어는 깨달음에 있어서는 가장 큰 장애요인인 '분별'을 하는 데 일등공신입니다.

참나의 입장에서는 육근을 통하여 알 수 있는 모든 것은 환상이며 망상입니다.

모든 것은 꿈과 같고 물거품과 같고 그림자와 같으며 이슬과 같고 번개와 같습니다.[2]

언어는 고정된 실체가 없는 모든 것을 이름지으며 마치 실체가 존재하는 듯한 착각을 일으킵니다.

'내가 그의 이름을 불러주기 전에는

그는 다만

하나의 몸짓에 지나지 않았다.

내가 그의 이름을 불러주었을 때

그는 나에게로 와서

꽃이 되었다.'[3]

그러한 착각이 바로 '무명(無明)'입니다.

우리는 어떠한 일을 경험하든, 무의식 혹은 의식적으로 마음속에서

---

1) 안이비설신의(眼耳鼻舌身意).
2) 법륜, 법륜 스님의 금강경 강의, 제32 응화비진분, 정토출판, 2015. 4. 30, 475면: 一切有爲法 如夢幻泡影 如露亦如電. 고정된 실체가 존재하지 않고 한순간에 불과하다는 의미이다.
3) 김춘수 시인의 시 '꽃'.

언어로 그 상황을 빠르게 인식하는 데 너무 익숙해져 있습니다.

한번, 주체를 의미하는 주어를 빼고 세상을 바라보십시오.

나, 너, 그 사람을 의식하지 않고 세상을 바라보십시오.

완전한 참나의 상태는 아니지만, 주어를 의식하지 않고 보는 세상은 무거움이 없어집니다.

취사선택이 없어집니다.

혜능 선사가 자기를 쫓아온 도명을 깨닫게 한 '불사선 불사악(不思善 不思惡)'[4]을 굳이 언급할 필요가 없어집니다.

참나는 언어가 필요없습니다.

온통 '하나'인 참나이므로 언어로 구별할 대상이 없습니다.

언어는 현상계에서 필요한 도구이긴 하지만 참나를 깨닫는 데 있어서는 그 한계가 있습니다.

깨달음을 언어로 표현한다는 것은, 깨끗해지고자 피로 피를 씻는 것과 같습니다.

---

4) '선도 생각지 말고 악도 생각지 말라' : 분별하지 말며, 자신에 대한 호불호나 이불리를 생각하지 말라는 의미이다.

5 사구(死句)와 활구(活句)

선사들의 글을 읽어보면 '死句'와 '活句'란 표현이 종종 등장합니다.

'할'이라는 외침소리나 '부처는 간시궐(똥막대기)' 또는 '이뭣꼬' 라는 도통 이해하기 어려운 말들을 두고 좋은 화두 혹은 '활구'라고 극찬합니다.

선가에서 말하는 '활구'는 깨달음을 곧바로 지칭하거나 즉각 깨달음을 얻게 하는 데 직접적으로 도움을 주는 말을 의미하는 것입니다.

'사구'는 말 그대로 죽은 글입니다.

다시 말하면 깨달음을 주는데 아무 소용이 없다는 것입니다.

그렇다고 누구도 쉽게 알지 못하는 어려운 말이라고 해서 '활구'가 되는 것은 아닙니다.

그때의 상황과 구도자의 상태를 잘 고려하면서 던지는 말이라면 쉬운 용어일지라도 '활구'가 됩니다.

'활구'는 알음알이라고 지칭하는 '이해' 즉 우리가 일상적으로 적응된 언어의 '이해'를 사용하게 하여서는 안됩니다.

머리로 이해되고 생각하게 만드는 말은 '사구'입니다.

그러므로 '활구'를 던진다는 것은 참나 혹은 깨달음에 대한 깊은 체화가 이루어진 선사가 아니면 쉽게 할 수 없는 것이지요.

'활구'의 목적은 '直指人心',[1] 오로지 구도자에게 참나를 바로 가리켜 보게 하는 것입니다.

사람만 빼앗거나, 경계만 빼앗거나, 사람을 빼앗고 경계를 빼앗는 거나, 어떤 때는 사람도 경계도 모두 빼앗지 않는 것이다.[2]

---

1) 직지인심 견성성불 : 불교용어. 마음을 바로 가리켜 성품을 보고 부처가 된다는 뜻이다. '인심'은 참나를 의미한다.
2) 김태완 역주, 임제어록, 침묵의 향기, 2018. 10. 30, 77면.

6 단지불회(但知不會)와 불식(不識)

달마 스님은 양무제가 "짐을 마주하고 있는 사람은 누구입니까?"라고 묻자 "모릅니다(不識)"이라고 답변하였습니다.

보조 지눌 스님은 "단지 모른다는 것을 알면 바로 견성이라(但知不會 是卽見性)"고 하였습니다.

숭산 스님은 "오직 모를뿐"이라 외치면서 미국의 선불교를 이끌었습니다.

윤홍식 선생은 "모른다"라고 하면 참나를 본다고 하였습니다.

참나는 내용이 없는 '앎'입니다.
그래서 모르는 것입니다.
참나의 본질이 '모름'입니다.

생각으로 알려고 하면 할수록 멀어지는 메커니즘이지요.
머리로 알려고 하면 필연적으로 분별심이 일어납니다.
분별심이 일어난 자리, 생각이 일어난 자리를 바라보세요.
그 자리전체가 참나입니다.
전체라고도 할 수 없습니다.

132 覺(각)

알고 보면 온통 참나 하나입니다.

깨달음을 얻는 방편으로 "모른다"라고 할 때도 있습니다.
우리는 어떠한 일이 닥칠 때 항상 생각을 떠올리는 시스템이 학습화되어 있습니다.
생각이 일어나면 "모른다"라고 하면 생각은 사라지고 문제해결의 집착이 사라집니다.[1]
생각과 집착이 사라진 그 자리를 보십시오.

위에서 언급한 분들의 "모른다"의 진정한 성과는 오로지 당신의 몫입니다.

---

1) 윤홍식 선생이 즐겨 다루는 방편이다. 지휴 스님은 비슷한 방편으로 어떠한 내면의 움직임이 일어날 때 "생각끝"을 되새기라고 하였다.

7 응무소주 이생기심(應無所住 而生其心)

육조 혜능 스님은 영남신주(嶺南新州)에서 홀어머니를 모시고 땔나무를 시장에 팔아서 생활하면서 가난하게 살고 있었습니다.

어느날 객점으로 나무를 팔고 문밖을 나서는데 한 객승이 금강경(金剛經)을 독송하는 내용중 "응무소주 이생기심(應無所住 而生其心)"이라는 글귀에서 크게 깨달았습니다.

과연 혜능 스님이 깨달은 것은 무엇인가요?

이 글귀가 나온 금강경 장엄정토분을 좀더 자세히 보도록 하겠습니다.

'그러므로 수보리여
모든 보살마하살은
응당 이와같이 청정한 마음을 내되,
색에 머물러 마음을 내지 말며,
소리와 향기와 맛과 감촉과 법에 머물러 마음을 내지 말지니,
마땅히 머무는 바 없이 그 마음을 낼지니라.'[1]

일찍이 깨달음의 길에 들어서면서 제일 먼저 접한 책이 금강경이었

---

1) 법륜 스님, 금강반야바라밀경, 정토출판, 2015. 4. 30, 185면.

습니다.

너무나 유명하고 무언가 그윽하면서도 난해한 금강경을 이해할 수 있다면 깨달음은 곧 오리라 믿어 의심치 않았습니다.

그러나 일자무식이었던 혜능 스님도 깨닫게 한 '응무소주 이생기심'은 이해는 되었으나 와닿지는 않았습니다.

좌절하였습니다.

문언대로 해석하면 여섯 가지의 경계 즉 생각·감정·오감에 집착하지 말고 있는 그대로의 청정한 마음을 가지라는 것입니다.

생각과 감정은 법에 해당되고 오감은 색성향미촉에 해당됩니다.

이는 또한 색수상행식이라는 오온과 같은 의미이기도 합니다.

몸과 마음 나아가서는 눈에 보이는 모든 세상에 대한 갈애와 집착을 끊으라는 뜻입니다.

그런데 어떻게 갈애와 집착을 끊을 수 있는가요.

끊는다는 것은 '무관심' 또는 '모른다' 또는 '해석하지 않는다'는 것입니다.

끊는다는 데에 주의를 기울이면, 끊는다는 또 다른 생각이 떠오르는 것이므로 좋은 방편이 아닙니다.

명백한 것은 생각·감정·오감은 저절로 일어나는 것이기에 인위적으로 유위적으로 없애기는 불가능합니다.

인위적으로 없애는 것은 마치 잡초를 없애기 위해 돌로 누르는 것과 같습니다.

그러므로 자연스럽게 저절로 일어나는 생각·감정·오감에 주의나 관심을 돌리지 말고 길가의 돌을 바라보듯이 해야 합니다.

잡념이 일어나는 것을 두려워 하지말고 오직 잡념이 일어난 사실을 늦게 알까 염려할 뿐입니다.[2]

일어나는 생각·감정·오감을 똑같이 무심하게 대할 수 있다면 깨달음에 근접합니다.

한걸음 더 나아가, 일어나는 모든 생각·감정·오감이 차별없이 동등한 일원상의 세계를 자연스럽게 목도하게 되면 마침내 깨어납니다.

일원상의 불성을 드디어 보게 됩니다.

견성입니다.

깨닫고 보면 깨달음은 없음을 저절로 알게 됩니다.

깨달음도 깨달은 사람도 없습니다.

---

2) 대혜종고(무비 역해), 이것이 간화선이다, 민족사, 2013, 330면 : 일어나는 잡념
   에 사로잡히지 말고, 잡념이 일어난다는 경험에만 머문다. 어디서 경험이 일어나
   고 있는가.

제 5 장

깨달음(覺)에 도움이 되는 이야기

깨달음(불성)에 대한 책들을 읽어보면, 저자의 경험이나 사유를 통하여 자신들이 표현할 수 있는 최고의 방법으로 우리에게 참나라는 본래면목에 대하여 알려주고 있음을 알 수 있습니다.

글은 피안(彼岸)으로 가는 뗏목이지 피안 자체는 아닙니다.
깨닫고 보면 차안(此岸)이나 피안은 서로 다르지 않으며, 바로 여기 이 순간에 영원히 머물러 있게 됩니다.

구도의 어려움을 계속 느끼게 하는 자는 자기와 통하는 선지식이 아닙니다.
과거 선사들도 당대의 훌륭한 스승을 만났을지라도 인연이 아니라고 느끼면 다른 스승을 찾아 끊임없는 공부의 길을 나아갔습니다.
법문이든 책이든 '일견(一見:깨달음의 순간)'을 위해 끝까지 나아가 일대사인연을 만나서 본분사를 해결해야 할 것입니다.

선사의 손가락과 달을 구별 못하는 것은 구도자의 근기탓입니다.
여기서 근기란 깨달음을 받아들일 수 있는 가능성을 의미하는데, 개인의 지적능력과는 무관합니다.
또한 그 선사의 손가락과 나와의 인연이 없는 탓도 있겠지요.
발심(發心)과 신심(信心)과 분심(憤心)[1]이 중요합니다.

구하라 그러면 너희에게 주어질 것이요
찾으라 그러면 찾을 것이요
문을 두드리라 그러면 너희에게 열릴 것이다.[2]

---

1) 깨달음을 얻겠다는 마음을 내고, 부처와 선사들의 말과 도에 대한 믿음을 가지며, 깨달음을 얻기까지 용맹정진하겠다는 마음을 말한다.

"Ask and it will be given to you; seek and you will find; knock and the door will be opened to you. _Matthew 7:7, NIV"

---

2) 마태복음 7장 7절: "Ask and it will be given to you"에 대하여 "구하라, 너희에게 주실 것이요"라고 번역된 문장도 있으나, 원문을 보면 '구하라 너희에게 주어질 것이요'라고 해석하는 것이 적절하다고 판단된다. 기독교의 성경해석론과 논쟁을 하기 위한 견해는 아니며, 깨달음을 추구하는 글을 서술하는 데 있어서 '타자(他者)'의 존재는 어울리지 않다는 의미이다.

서양의 선지식인 존 휠러는 '질문'을 통하여 참나에 대한 명확한 이해를 최대한 이끌어내고 있습니다.

존 휠러는 참나를 존재(Presence) 와 자각(Consciousness)의 측면에서 이야기하고 있는데 이는 보조국사 지눌의 '수심결'에서 말하는 '공적영지'와 상통합니다.

존 휠러(John Wheeler)가 제시한 질문1)들에 대하여 대답해 봅시다.

(1) 당신은 당신이 현존하고 있다는, 당신이 있다는 감각을 인식할 수 있는가? 그리고 나아가 당신은 자각하고 있다는 사실을 인식할 수 있는가?2)

우리는 당연히 '존재함'을 압니다.

그러나 물속이나 공기속에 사는데 물이나 공기를 인식하지 못하는 것처럼 일상생활에서 '존재함'을 느끼지 못하고 살아갑니다.

생각하고 말하고 행동하고 때론 느끼고 하는 모든 것이 '존재함'이 없이는 있을 수 없습니다.

---

1) 질문들은 존 휠러가 제시(몽지 선생의 번역)한 것이고, 그 질문들에 대하여 저자가 떠오르는 대로 대답한 것이다. 정답이라는 것은 없으므로 얽매일 필요가 없다. 더 적절한 표현들이 당연히 있을 것이라 본다.
2) John Wheeler, You were never born, Non－Duality Press, 2004.

생각하고 말하고 행동하고 때론 느끼고 하는 것을 제외하고 남는 것은 무엇인가요?

모든 것을 제외해도 우리는 '존재'를 그냥 느낄 수 있습니다.

특히 우리는 생각이 없이도 모든 것을 그냥 '압니다'.

한번 멍때리기를 해 보세요.

멍때릴 때도 우리는 보고 듣고 느낀다는 자각이 있습니다.

그 모든 것이 마음이자 참나입니다.

(2) 당신은 존재하고 있으면서 자각한다는 사실을 알아차리기 위해서 생각할 필요가 있었는가?

우리는 아무 생각이 없어도 저절로 모든 것을 안다는 것을 '주목'할 필요가 있습니다.

너무도 당연하기에 그냥 지나쳐버린 사실, '우리는 아무 생각없이도 저절로 모든 것을 압니다'.

여기서 '안다'는 것은 지식이나 정보를 말하는 것이 아닙니다.

생각이 떠오르는 것을 알고, 기쁜 것을 알고, 보는 것을 저절로 안다는 것입니다.

그렇게 늘 존재해 온 '앎'이 참나입니다.

(3) 현존하면서 자각하고 있다는 사실을 주목하라. 또한 다양한 생각들, 느낌들, 감각들과 경험들이 이 자각하는 현존안에서 일어났다가 사라진다는 것을 주목하라. 당신이 변화하는 경험들을 주목할 때, 현존하면서 자각하고 있다는 감각이 조금이라도 변하는가? 그것이 사라지는가? 그것이 동요하는가? 그것이 오고가는가?

모든 생각, 감정, 오감이 떠오르는 바탕(참나)을 주목하십시오.

그 바탕은 생멸이 없고 가고 옴이 없고 변함이 없습니다.

우리는 생각, 감정, 오감이 만들어 낸 몸과 '개별적 나'라는 인식에 갇혀 있습니다.

생각, 감정, 오감이전의 바탕에 주의를 기울인 적이 거의 없습니다.

생각, 감정, 오감은 생겨나고 사라지고 변하고, 몸과 개별적 나는 이리 오고 저리 갑니다.

그러나 바탕인 참나는 늘 그대로입니다.

영원불멸입니다.

참나의 생성과 소멸은 도무지 알 수 없습니다.

모든 것이 참나입니다.

모든 것이 하나이기에 없다고도 할 수 있는 것입니다.

하나는 있고 없다는 양변을 떠납니다.

참나는 주체와 객체라는 이원성을 지닌 언어로 표현할 수가 없습니다.

그래서 일찍이 달마대사는 '不識(모른다)'이라고 하고 보조국사 지눌은 '但知不會(단지 모른다는 것을 안다)'라고 하였던 것이지요.

(4) 당신은 이것(있음과 자각의 감각)을 인식하기 위해서 미래까지 기다려야만 하는가?

참나는 언제나 지금 이 순간 존재하고 있습니다.

지금 존재하고 있는데 무엇을 기다려야 하는가요?

깨달음은 늘 지금입니다.

깨달음의 대상이 따로 있다고 생각하기에 깨닫지 못하고 미래까지 기다려야 하는 것입니다.

과거 · 현재 · 미래는 생각의 산물입니다.

현상을 분별하기 위하여 만들어진 것입니다.

과거도 현재도 미래도 본래 없습니다.

'과거심불가득 현재심불가득 미래심불가득[3])'

(5) 당신은 있음 – 자각을 인식하기 위하여 어떤 수행이나 방편, 연습을 할 필요가 있는가?

아닙니다.

깨달음을 위하여 유위적인 그리고 인위적인 수행을 하는 것은 필요 없습니다.

'수행한다'는 말은 '어떻게'라는 방편을 내포하고 있습니다.

그 말은 어떤 방법을 취하면 깨달음을 얻는다는 뜻이지요.

그렇기에 수행자는 깨달음을 추구하지만 그 수행과정에서 '수행' 그 자체에 매몰될 가능성이 매우 큽니다.

마치 달을 보려는 데 그 손가락의 모양에 집착하는 것과 같습니다.

사자는 사람을 물고 개는 흙덩이를 쫓습니다.[4])

'남악회양(南嶽懷讓) 선사가 좌선을 열심히 하고 있는 마조도일(馬祖道一)에게 물었다.

"스님은 좌선을 해서 무엇을 하려 하는가?"

"부처가 되려고 합니다."

회양 선사는 곧 기왓장을 가져와 마조 곁에서 갈았다. 이것을 보고 마조가 물었다.

"기왓장을 갈아서 어쩌려 하십니까?"

"거울을 만들려 하오."

"기왓장을 간들 어찌 어떻게 거울이 되겠습니까?"

---

3) 금강경 제18 일체동관분.
4) 고봉(설우강설), 선요(선사의 체험으로 풀어내다), 조계종출판사, 2014, 77면.

"벽돌을 갈아 거울이 되지 못한다면 좌선하여 어떻게 부처가 되겠는가?"

"그러면 어떻게 해야 합니까?"

"소가 수레를 끌고 가다가 가지 않는다면 수레를 때려야 하겠는가, 소를 때려야 하겠는가?"

회양 선사의 가르침을 듣고 마조는 곧바로 깨달음을 얻었다.'[5]

깨달음을 얻기 위해서는 수행방법에 집착해서는 안됩니다.

바로 마음을 직시하고 에고의 마음이 아닌 참마음 즉 참나를 보아야 합니다.

깨달음은 행하는 유위의 수행방법을 통해서 얻는 것이 아닙니다.

행하는 그 마음을 완전히 비우게 할 수 있다면, 비움에서 한 걸음 더 나아가게 한다면 어떤 수행방법도 상관없을 것입니다.

단지 염불만 하고 책만 읽고 참선만 하는 수행은 하지마라는 것입니다.

깨달음은 철저히 '무위'로 수행해야 합니다.

앉아있든, 서있든 모든 생각을 내려놓고 또 내려놓아 수행한다는 생각마저도 내려놓을 때 드러나는 것이 참나입니다.

(6) 당신은 있음 – 자각을 인식하기 위해 영적인 책을 읽을 필요가 있는가?

영적인 책이나 선어록 그리고 불경을 읽는 것이 아예 불필요하다고 할 필요는 없습니다.

강을 건널 때 필요한 뗏목일 수 있습니다.

---

5) 무비 스님, 직지강설(상), 불광출판사, 2012, 237면.

요즘은 동양이 아닌 서양에서 많은 선지식들이 불경보다 더 쉽고 편안한 선어록들을 세상에 내어놓고 있습니다.

자신에게 와닿는 책을 접하는 인연이 있기를 간절히 바랍니다.

어쨌든 강을 건너면 뗏목은 버려야 합니다.

뗏목은 강건너 세상이 아닙니다.

선지식들은 영적인 책이나 선어록 그리고 불경이 깨달음 이후 보림의 과정에서 오히려 많은 도움을 줄 수 있다고 말합니다.

보림은 자기의 깨달음을 확인하고 오래된 훈습을 벗기는 것입니다.

사실 깨달음 뒤의 보림과정이 더 지난(至難)하다고 할 수 있습니다.

(7) 누군가가 와서 이것(있음 – 자각)을 당신에게 주는가 아니면 그것은 이미 여기에 있는가?

이것 또는 참나는 이미 당신에게 있습니다.

존재하고 있는 당신에게 존재를 준다는 말이 성립이 될 수 없는 것이지요.

단지 존재를 깨닫는 것입니다.

느끼는 것입니다.

그러나 우리가 늘 체험하는 것과는 다릅니다.

오감과 생각의 대상이 되는 것은 깨달음이 아닙니다.

그냥 '알고 있음'이 어떻게 대상이 될 수 있는가요.

개별적인 나와 세상을 통틀어 그냥 '알고 있음' 일진대.

눈이 눈을 볼 수는 없습니다.

(8) 당신은 이것, 당신의 현존하는 존재와 자각을 보기 위해 특별한 '깨어남'이나 '깨달음'의 체험을 가져야 할 필요가 있는가?

진실은, 깨달음의 '체험'은 없습니다.

아니, 체험은 있으나 깨닫고 보니 체험이라는 것도 환상에 지나지 않는다고 하는 것이 보다 정확합니다.

'우주와 내가 하나가 되는 황홀한 체험'은 환상입니다.

그러나 징검다리나 뗏목일 수는 있습니다.

분명한 것은, 징검다리나 뗏목에 머물거나 다시 찾아서는 절대 안 됩니다.

(9) 당신은 현존하고 자각하기 위해 노력을 할 필요가 있는가?

유위적이거나 인위적인 노력을 할 필요는 없습니다.

우리는 모두가 몸과 생각으로 행하는 것에 익숙해져 있습니다.

몸과 생각이 하는 것은 모두 유위이고 인위적인 행위입니다.

임제가 말했다.

'그대가 만약 마음을 머물게 하여 고요함을 살펴보고,

마음을 들어 밖으로 비추어 보고,

마음을 거두어 안으로 깨끗이 하며,

마음을 모아서 定에 든다면,

이와 같은 것들은 모두가 조작하는 짓이다'6)

여기서 임제가 말한 '마음'은 생각이나 의지를 말합니다.

---

6) 김태완 역주, 임제어록, 침묵의 향기, 2018. 10. 30, 176면.

참나의 참마음은 이러한 '함'이 본래 없습니다.

(10) 당신은 현존하면서 자각하고 있음을 멈추기 위해 어떤 일을 할 수 있는가?

멈출 수가 없습니다.

눈앞의 모든 것이 변하고 있음을, 생각이 떠올랐다 사라짐을 멈출 수 있을까요.

현존하면서 자각하는 것(참나)은 변하는 세상과 생각이 일어나는 곳입니다.

참나는 시작도 끝도 없이 늘 여기에 있습니다.

나고 사라지는 세상이나 생각도 멈추기 힘든데 그 바탕인 참나를 어떻게 멈춘다 말인가요.

참나는 멈출 수 있는 대상이 아닙니다.

(11) 당신이 존재하고 있다는 감각, 이 자각하는 현존이 당신이 하나의 대상으로 파악할 수 있는 어떤 것인가?

자각하는 현존인 참나는 대상이 아닙니다.

대상이 있으면 대상을 지각하는 개별적인 나인 에고가 있게 됩니다.

에고인 나와 대상을 동시에 '아는' 것이 참나입니다.

不二의 세계인 참나는 그냥 하나이고 전부입니다.

주체와 대상을 포함한 전부이자 하나입니다.

(12) 당신의 직접적인 경험 속에서, 당신은 하나의 물건이고 존재 – 자각은 '저 너머' 떨어져 있는 다른 어떤 것인가? 아니면 당신 자신이 바로 현존하고 있으면서 자각하고 있는 그것인가?

여기서 우리는 '깨달음이 왜 필요한 가'하는 본질적인 문제에 직면하게 됩니다.

깨닫고 모두가 하나라는 점을 알게되면 개별적인 나와 깨달은 참나의 구별은 무의미합니다.

개별적인 나는 영원한 참나에서 일어났다 사라지는 파도의 물거품입니다.

물거품과 바다는 둘인 듯 보이나 하나이기도 합니다.

苦로 가득찬 세상도 나도 하나인 참나요 불성입니다.

(13) 몸과 마음은 기쁨과 고통, 움직임과 고요함 등과 같은 것을 겪는다고 한다. 그러나 존재 – 자각(당신의 참된 성품)이 그 타고난 성품 가운데에서 이러한 경험들 중 어떤 것이라도 그와 같이 겪는가?

몸도 마음(여기서는 생각, 감정을 의미)도 기쁨과 고통, 움직임과 고요함과 동등한 경험의 대상일 뿐입니다.

기쁨과 고통, 움직임과 고요함을 몸과 마음이 겪는 것이 아닙니다.

몸과 마음, 기쁨과 고통, 움직임과 고요함은 전부 나타나고 사라지는 경험일 뿐이며 영원한 실체가 아닙니다.

모든 것이 시작도 끝도 없는 참나라는 자각적 존재에서 떠오르는 신기루이고, 삶이라는 것은 유희적 현상입니다.

현상은 실체가 아닙니다.

자각적 존재는 '경험함' 혹은 다만 '알 뿐'입니다.

(14) 어떠한 현상(생각, 느낌, 감각, 대상, 상태나 경험)이 현존 – 자각에서 독립적이거나 분리되어 존재하는가?

모든 현상은 독립적이거나 분리되어 있지 않습니다.

모든 현상은 연기적으로 일어나고 사라지며 이것이 있으면 저것이 있고 이것이 없으면 저것도 없습니다.

일어나고 사라지는 모든 현상은 있으면서 없고 없으면서도 있으니 모두 참나의 발현입니다.

색이 공이고 공이 색인 것입니다.

독립된 색인 듯하지만 알고보면 통합된 공에서 나온 허공꽃인 것입니다.

여기서 말하는 공은 텅 비어있으나 허공과는 다릅니다.

공에는 '앎'이란 근본적 의식이 있습니다.

이 의식은 분별의식(6식)이 아니고 나라는 자의식(7식: 말나식)도 아니고 습에서 만들어진 업식도 아닙니다.

그 모든 종류의 의식을 담고 있는 함장식이자 백정식입니다.[7]

---

7) 함장식(含藏識)은 잠재의식으로 모든 기억을 저장하고 있다고 하여 아뢰야식이라고도 한다. 이 8식까지 꿰뚫면 주관과 객관의 분별이 떨어졌다고 할 수 있다. 백정식(白淨識)은 분별 이전의 최초의 상태이며 9식이라고도 하고 8식인 함장식이 곧 백정식이라고도 한다.

2 영가현각 스님[1]의 '지(知)'

[영가집]에서 이렇게 말했다. "만약에 공적(空寂)을 안다면(안다고 하면) 반연(攀緣)[2]이 없는 무연지(無緣知)가 아니니, 비유컨대 손으로 여의주를 잡으면 '여의주가 없는 맨손'이 아니다. 만약에 저절로(스스로) 지(知)하는 것이라고 알아도 또한 반연(攀緣)이 없는 무연지(無緣知)가 아니니, 마치 손으로 스스로 주먹을 쥐면 '주먹을 쥐지 않는 맨손'이 아니다.

또한 지(知)로서 공적(空寂)을 알지 아니하고, 또한 저절로 지(知)하는 것이라고 알지 않더라도, 가히 '앎이 없다(無知)'고 하지는 못하니, 자성(自性)이 요연(了然)하기 때문에 목석(木石)과 같지 않다. 마치 손으로 물건을 잡지 아니하고, 또한 스스로 주먹을 만들지 아니 하더라도, 가히 '손이 없다(無手)'라고 하지는 못하니, 손이 여전(如前)히 그대로 있으니 토끼뿔과 같지 않다."[3]

불성에 대한 영가현각 스님의 이 설명은 많은 선지식들이 극찬합니다.

---

1) 영가현각 스님(665–713)은 절강성 온주부 영가현 사람으로 8세에 출가하여 삼장과 외전에 널리 통달하였다. 특히 천태지관에 정통하였고 '유마경'을 읽다가 깨달은 바가 있다. 6조 혜능 스님과의 법거량이 유명하며 그가 지은 '증도가'는 선가의 백미로 일컫는다.
2) 세속의 인연이나 경계에 이끌림.
3) 황정원, 불교와 마음, 산지니, 2013. 6. 10, 322면.

그러면서도 깨달음이 없다면 당연히 이해될 수 없습니다.

공적을 안다는 것은 '공적(空寂)'이 대상이 된다는 것이 되므로, 마치 허공(무색투명한 여의주)을 잡거나 인식한 것과 같으므로 참나 자체(맨손)를 아는 것이 아닙니다.
참나자체는 텅비어 있어 '공적(空寂)' 그 자체인 것을 알아야 합니다.

'저절로'라고 인식해도 안됩니다.
스스로 '지(知)'하는 주체가 있는 것이 아닙니다. 주체가 없는 '무위'의 앎이 참나입니다.
안다는 유위도 없습니다.
알고 모름에 속하지 않습니다.

대상이나 주체는 없지만, 아무것도 없는 '공적'에서 대상과 주체가 살아 움직이는 듯 하며 분명하게 나타나니, 아무 반응이 없는 나무와 돌과 같지 않습니다.

참나는 있고·없음의 분별을 떠나 '앎'으로 목전에 명확하게 있으니 실지로 존재하지 않는 토끼뿔과 다릅니다.

제가 설명해서가 아니라 영가현각 스님의 말을 읽자마자 무릎을 절로 탁 쳐야 합니다.

3 몽지 선생의 '휴'명상법

몽지 선생은 중학교교사입니다.

깨달음과 수십 년의 공부로 구도자를 이끄는 한국의 선지식입니다.

몽지 선생의 '휴'명상법은 명상자체를 위해서도 간편하고 자연스러워서 좋고, 창문의 비유를 통하여 참나를 직지한 표현부분은 부드럽고 군더더기가 없습니다.

간략하게 발췌하여 소개하자면,

휴(休) 명상[1]

자연스럽게 의자나 소파에 등을 기대고 앉아 몸과 마음을 이완한다.

깊게 숨을 들이마시고 천천히 내쉰다. 이를 두세 차례 반복한다.

…

될 수 있으면 눈을 감지 않고 뜬 채로 명상을 진행한다.

이제 자연스럽게 신체감각을 자각한다.

…

한 가지 팁을 주자면, 지금 눈을 뜨고 있으면 자연스럽게 외부 대상이 보이는데, 그 '보(이)고 있음' 가운데 보이는 어떤 특정한 대상에 주의가 가 있지 않고 그저 '보(이)고 있음' 상태에 머물고 있는 것과 같

---

1) 몽지릴라 선공부 모임밴드의 게시글.

은, 자각 자체에 주의를 돌리는 것이다.

...

창문 밖의 풍경을 보고 있다가 창문 자체로 시선이 돌아오면, 창문 밖의 풍경은 흐릿해지고 이제까지 존재 자체를 자각하지 못했던 투명한 창문 자체를 보게 된다.

마찬가지로 자연스럽게 자각되는 신체감각에서 그것을 자각하는 자각 그 자체로 주의를 돌리면 언제나 늘 그 자리에 있던 텅 빈, 순수한, 투명한 자각의 성품 자체가 자각된다.

...

다시 두세 차례 자연스러운 호흡을 하면서 명상을 마무리한다.

호흡은 석가모니도 권장한 수행법이기도 하며, 고요와 집중을 가져다줍니다.

감각을 느낄 때는 나의 감각이라고 생각하지 말고 그냥 느낌만으로 보십시오.

나아가 신체의 느낌뿐만 아니라 나를 둘러싼 모든 실체를 오감전체를 통해서 바라보기만 하십시오.

일반적인 수행법과 다른 점은, '휴' 명상법은 호흡과 명상상태에 중점을 두는 것이 아니라 호흡과 고요가 이루어지는 자리에 대한 자각을 강조한 것입니다.

4 월호 스님의 '아바타송'

방송에서 종종 보는 월호 스님의 미소는 언제나 봐도 밝습니다.

현대적 감각의 단어인 '아바타'로 환의 세계를 직지하고 참나를 드러낸 점은 탁월하다고 해야 할 것입니다.

깨달은 이후에는 몸과 마음은 모두 한번 입었다 벗는 옷과 같습니다.

게송은 대체로 어렵기만 하다고 보는 것이 사실입니다.

원래 게송은 진리를 쉽게 기억하도록 하는 본연의 기능이 있었습니다.

월호 스님의 아바타송은 부처의 가르침을 쉽게 전달하는 현대적 게송이라고 할 수 있습니다.

사족이라면 참나의 무상한 '기쁨'을 약간 강조한 듯한 것이 보이지만, 방편의 역할을 다하고 있음은 말할 나위 없지요.

아바타송이 귓가에 맴돕니다.

진리 중의 진리는 사성제
도(道) 중의 도는 팔정도
팔정도 핵심은 내비도
내비도 비결은 바라봐!

바라보고 바라봐! 아바타로 바라봐!

몸도 아바타, 마음도 아바타
나도 아바타, 너도 아바타
이 세상 모든 것 우린 모두 아바타야!

늙어가도 괜찮아, 아바타!
병들어도 괜찮아, 아바타!
죽어가도 괜찮아, 아바타!

탐이 나도 별 거 아냐, 아바타!
화가 나도 별 거 아냐, 아바타!
불안 해도 별 거 아냐, 아바타!

실패해도 괜찮아, 아바타!
성공해도 별 거 아냐, 아바타!
안심, 안심 또 안심!

몸과 마음은 아바타!
관찰자가 진짜 나!
진짜 나는 즐거워!
진짜 나는 행복해!

진짜 나는 크고 밝고 충만해!
진짜 나는 크고 밝고 충만해!
이 세상 모든 것 우린 모두 아바타야!

주체도 관찰자도 없습니다.

없어서 모든 것이 유희입니다.

삶은 '유희' 그자체입니다.

해탈자들이 살고 있는 시간의 본바탕은 순수한 '유희'에 있습니다.[1]

---

1) 우오가와 유지, 깨달음의 재발견, 조계종출판사, 2015, 223면 : 유희는 '욕망의 대상을 즐기고, 욕망의 대상에 골몰하고, 욕망의 대상을 기뻐하는 것'과 같은 집 착에 의해서 얻어지는 '즐거움'이 아니라 오히려 거기에서 완전히 떠나 누구의 것도 아닌 현상을 관조하여야 비로소 알 수 있는 '최고의 즐거움'을 의미한다.

5 지유 스님의 '눈을 뜨고 앞을 보라'

고전은 몇 번이고 반복해서 읽는 것이 중요하다는 말이 있습니다.

의식의 성장에 따라 그 숨은 깊은 뜻이 새로이 나타나는 경우가 많다는 것일 것입니다.

법문도 마찬가지입니다.

관음사와 범어사에서 정기적으로 행하는 지유 스님의 법문은 고전과 같이 '그윽합니다'.

눈을 뜨고 앞을 보십시오.

눈앞의 사물이 그대로 보이지 않는 것은 혼침과 산란 때문이지 다른 것이 있겠습니까.

혼침과 산란이 사라지면 자타(自他)가 불이(不二)입니다.

소리가, 눈에 보이는 사물이 바로 무심입니다.

아무것도 못 느끼는 것은 무심이 아닙니다.

생각이 무심을 방해하고 있습니다.

두두물물이 바로 부처입니다.[1]

---

1) 지유 스님 문경관음사 정기법회 법문 중에서 옮김 : 사족을 붙인다면, 지유 스님이 언급한 '혼침과 산란'은 제거해야 할 대상이 아니라 나타났다가 사라지는 신기루와 같은 것이기에 마음을 두지 않으면 될 뿐이다. 제거해야 한다는 생각이 일어나면 그 생각이 또 다른 혼침이 된다.

158　覺(각)

지유 스님의 법문은 처음에 들으면 다 똑같이 들려서 지루하다고 느낄 때가 있습니다.

당연한 얘기인데 저토록 일관되게 법문을 전합니다.

진리는 너무도 당연한 것이여야 하고 누구에게나 똑같이 적용되어야 합니다.

부처가 전하는 진리는 너무도 당연한 것입니다.

단지 우리가 모르거나 혹은 그냥 스쳐지나갈 뿐입니다.

마치 공기처럼.

지유 스님의 법문은 직지인심의 명문입니다.

단지 예전에 몰랐을 뿐입니다.

무심(無心)이 마음(心)이고 공(空)이고 불성(佛性)이고 참나이고 알아차림입니다.

스님께서 강건하게 정법을 오래오래 설하여 주시길 간절히 기원합니다.

6 릴라 선생의 '늘 비추고 있는 것'

릴라 선생은 몽지 선생의 아내입니다.

등단작가이기도 합니다.

릴라 선생과 몽지 선생은 보기 드문 부부 선지식이라고 할 수 있습니다.

법문 중 몽지 선생은 간혹 릴라 선생이 선공부를 더 오래한 자기보다 먼저 불성을 보았다고 시기하는 동심(童心)을 보입니다.

아래는 릴라 선생의 법문 중 발췌한 것을 소개해 봅니다.

모든 것을 비추고 있는 것은 무엇인가.

눈앞의 경계는 왔다가 사라지고 잔상이 남아있지 않는다.

생각도 늘 왔다가 사라진다.

밝음도 어둠도 생겨났다 사라진다.

왔다가 사라지는 이 모든 물질세계와 정신세계를 비추고 있는 이 여여한 것은 무엇인가.

왔다가 사라지는 무상한 것에서 변하지 않는 진아로 눈을 돌려라.

늘 똑같고 재미없고 지루하지만 변하지 않는 진아로 눈을 돌려라.

진리는 너무도 평범하다.

눈앞의 것이 진리 그대로 현존하고 있다.

눈앞의 것이 진리 전부를 그대로 보이고 있다.[1]

법문 중 늘 미소를 짓지만, 촌철살인의 법문을 전하고 있습니다.

바로 목전(目前)입니다.
그게 다입니다.

있고, 있지 않음이 없어
온 세상이 바로 눈앞입니다.[2]

---

1) 릴라 선생의 2020년 5월 7일과 12일의 법문 중 발췌.
2) 김태완, 선으로 읽는 신심명, 침묵의 향기, 2010, 33면.

7 윤홍식 선생의 '몰라'

윤홍식 선생의 법문은 대학의 강의와 흡사합니다.

어렵다면 어렵고 방대하다면 방대할 내용을 중요도에 따라 취사선택하여 전달하는 강의는 참 명쾌합니다.

여러 종교나 철학의 영역의 핵심을 군더더기 없이 전달합니다.

윤홍식 선생의 견성지도방법 중 하나가 '몰라'입니다.

숭산 스님께서도 '모른다'를 강조하셨지만 윤홍식 선생의 '몰라'견성법은 누구나 쉽게 접근할 수 있는 방편입니다.

윤홍식 선생은 '지금 당장 내 이름도 모른다. 지금 어디 있는지 모른다. 지금 몇 시인지 모른다'고 해보라고 권합니다.

아무것도 모르는 철저한 무지 속에서도 존재하는 그것은 무엇인가요.

한번 시도해 보시길.

진지하게 모든 것에 대해 모른다고 하며 분별심을 내려놓은 순간, 늘 존재해왔으나 인식하지 못하고 있던 '존재' 곧 참나를 직면하는 행운을 누리시길 바랍니다.

윤홍식 선생은 참나에 대한 견성에서 나아가, 육바라밀을 통한 적

162 覺(각)

극적 보림의 자세를 강조하고 있습니다.

불국토에 대한 염원이 진하게 느껴집니다.

8 김태완 선생의 '손가락'

삶에 대한 의심으로 시작한 공부의 과정에서, 경전을 풀이하거나 깨달음을 밝힌 김태완 선생의 책들을 접하게 되었습니다.

나름 읽고 또 읽으면 이해되겠지 하고 접근하였으나, 번번히 김태완 선생의 '손가락' 들어보임에서 막히고야 말았습니다.

경전에 대한 서술은 너무도 매끄러운데 문맥 중간중간에 들어 보이는 '손가락'이 어찌나 이질적이었던지요.

손가락에서 달(道)로 옮겨가기가 어찌 그리도 막막하던지요.

김태완 선생의 '손가락' 들어보임은 곧장 불성을 가리키고 있습니다.

달을 가리키는 손가락입니다.

손가락이 가리키는 것이 바로 마음입니다.

손가락이 도(道)이고 마음입니다.

손가락이 움직이는 것이 도(道)이고 마음입니다.

손가락을 드는 찰나 시간과 공간도 없는 이 순간이 도(道)이고 마음입니다.

손가락, 손가락이라는 생각, 손가락의 움직임, 손가락 사라짐이 나오는 여기가 도(道)입니다.

"지금 마음이라는 물속에 손을 넣어서 계속 휘젓고 있는 겁니다. 물을 계속 휘젓고 있으면서" 물이 뭘까? 물이 뭘까?"하고 있는 겁니

164 覺(각)

다. 그냥 이거(손을 흔들어 보임)예요. 물을 휘저으면서 "물이 뭘까?"하고 있다가 순간 감이 탁 와 닿으면서 "이것(손을 흔들어 보임)이 물이잖아?"하면 되는 거예요. 이것(손을 흔들어 보임) 밖에 없어요"[1]

　김태완 선생은 동자의 손가락을 잘라 도를 깨치게 한 구지 스님입니다.[2]
　김태완 선생의 유튜브방송에서도 '손가락'을 들어보이며 "바로 이것입니다"라는 모습을 종종 볼 수 있습니다.
　심심하게 보일 수도 있지만 그 이상도 없을 듯합니다.

　스스로 '손가락'을 들어보이는 때가 오시길 바랍니다.
　스스로 '꽃'을 들어보이는 때가 오시길 바랍니다.
　스스로 "커피나 한잔 하시지"하고 말하는 때가 오시길 바랍니다.
　스스로 "새가 우니 저 산도 울고 나도 운다"하는 때가 오시길 바랍니다.
　스스로 "일체중생이 아프니 나도 아프다"하는 때가 오시길 바랍니다.[3]

1) 김태완, 선으로 읽는 대승찬, 침묵의 향기, 2008, 268-269면.
2) 대혜종고, 정법안장上, 비움과 소통, 2017, 599면.
3) 무비 스님, 유마경, 민족사, 2013, 301면.

영명연수 스님1)의 '물'

연수 스님은 종경록에서 마음과 '물'의 10가지 공통점을 들면서 망상(妄想)이 아닌 진심(眞心), 즉 불성인 진짜 마음(眞心)을 찾도록 하였습니다.2)

하나, 물의 바탕이 맑고 청정한 것은 마음(自性淸淨心)과 같습니다.
마음은 물과 같이 너무 맑아 투명하여 보이지 않습니다.

둘, 물에 진흙이 들어가면 흐리게 되는 것은, 마음(淨心)이 물들지 않으면서 물드는 것과 같습니다.
마음은 너무 맑아서 그대로 있지만 온갖 색과 사물과 생각으로 물듭니다.

셋, 물이 비록 흐리더라도 정성(淨性)을 잃지 않는 것은, 마음(淨心)이 물들면서도 물들지 않은 것과 같습니다.
마음은 온갖 색과 사물과 생각으로 물들어도 마음 자체의 청정함을 잃지 않습니다.

---

1) 중국 송나라의 고승. 경전과 어록에 나타난 불법의 요체를 종합하여 '종경록'을 저술하였다. 진심과 망상을 구별하는 내용이 많이 들어 있다.
2) 황정원 역, 종경록과 마음, 광거재, 2015, 77면.

넷, 만약 진흙을 맑히면 물의 청정(淸淨)이 나타나는 것은, 마음의 미혹(어지러운 망상)이 다하면 자성(自性)이 나타나는 것과 같습니다.

진흙을 거르면 물이 맑아지듯이, 어지러운 생각과 감정과 감각이 사라지면 원래 있는 그대로의 마음이 나타납니다.

다섯, 찬 것을 만나면 얼음이 되어서 딱딱하게 작용하는 것은, 여래장(如來藏)과 무명(無明)이 합하면 본식의 작용을 이루는 것과 같습니다.

마음이 경계를 만나면 육식이 일어나 온갖 현상이 일어납니다.

여섯, 얼음이 되어 비록 딱딱한 작용을 이루더라도 젖는 자성(自性)을 잃지 않은 것은, 즉사(卽事)에 항진(恒眞)인 것과 같습니다.

물이 얼음이 되어도 젖는 습기의 성질을 잃지 않듯이, 어떠한 현상이 일어나도 마음은 항상 '앎(知)'자체를 잃지 않습니다.

일곱, 따뜻하면 녹아서 젖는 물로 되는 것은, 본식이 도로 청정해짐과 같습니다.

얼음이 다시 본래의 물로 돌아오듯이, 마음도 생각 · 감정 · 오감이 사라지면 항상 원래의 모양없는 모습으로 돌아옵니다.

여덟, 물이 바람따라 물결이 움직이면서 정성(靜性)을 고치지 않는 것은, 여래장(如來藏)이 무명풍(無明風)을 따라 파랑이 기멸(起滅)하면서도 스스로 불생멸성(不生滅性)은 불변(不變)함과 같습니다.

바람이 불어 파도가 일어도 물의 본성이 바뀌지 않듯이, 마음은 온갖 경계로 요동치면서도 생사가 없는 본성은 바뀌지 않습니다.

아홉, 물이 땅의 고하(高下)에 따라 밀고 끌어서 흘러가면서도 자성(自性)은 부동(不動)인 것은, 진심(眞心)이 연을 따라 흘러가면서도 성(性)

은 항상 담연(湛然)한 것과 같습니다.

물이 이리저리 높은데서 낮은데로 흘러가도 물자체가 변하지 않듯이, 마음은 인연따라 움직여도 그 본성은 늘 그대로 맑음을 유지합니다.

열, 물이 그릇의 방원(方圓)에 따르면서도 자성(自性)을 잃지 않는 것은, 진성(眞性)이 모든 유위법(有爲法)에 두루하면서도 자성(自性)을 잃지 않은 것과 같습니다.

물이 담기는 그릇에 따라 모양이 바뀌어도 그 본성을 잃지 않듯이, 마음은 생각·감정·오감에 의해 그 모습이 바뀌어도 원래의 '앎(知)'이라는 본성은 그대로입니다.

이제 마음이 보이나요.

물과 같은 이것을 찾아보세요.

물과 같은 이것을 깨달아보세요.

내 몸과 생각·감정·오감과 세상과 소리들을 모두 담고 있는 이것이 무엇입니까.

제6장

깨달음(覺) 이후

1 깨닫고 나서 공부가 시작된다

생처방교숙 숙처방교생(生處放敎熟 熟處放敎生)[1]
생소한 것, 덜 익은 것(불성)**은 점점 익숙하게 하고 익숙한 것**(세속적 습기)**은 생소하게 낯설게 하라.**

이 말은 대혜선사가 '서장'에서 증시랑에게 쓴 편지 글에서 나옵니다.

오랫동안 나라는 개별적 인간으로 살아온 편견과 묵은 습관을 버리고, 익숙하지 않았던 본체인 불성으로 살아가라는 뜻입니다.

아상·인상·중생상·수자상의 모든 망상들의 집착에서 벗어나 참 나의 모습으로 살아가라는 것이지요.

사실 '버려라, 벗어나라'는 표현은 정확하지 않습니다.

깨닫고 나면 저절로 버려지고 벗어납니다.

다만 버리고 벗어남이 쉽지는 않으며 시간이 걸린다는 점은 부인할 수 없습니다.

대혜선사의 말은 깨닫기 전의 구도의 자세나 방편으로 이해하기보다는, 깨닫고 난 후 보림의 과정을 표현한 것이라고 보는 것이 옳습니다.

---

1) 대혜종고(무비 역해), 이것이 간화선이다, 민족사, 2013, 116·303면

자각(自覺)이 각만(覺滿)으로 가는 과정입니다.[2]

하지만 이 과정이 실제로 어렵습니다.

뻔히 보이는 데 행동과 생각은 자기도 모르게 과거의 습관과 편견에 사로잡혀 나옵니다.

거지로 살아왔던 사람이 갑자기 부자인 아버지를 다시 만나 부유한 삶을 시작하게 되더라도 그 습관이 바로 바뀔 수 없는 이치이겠지요.

성철 스님이 '돈오돈수'가 옳다고 주장한 것도 한편으로는 이해되지만, 즉시 깨닫고 바로 인간으로서의 쌓인 무지와 무명이 바로 없어지는 것은 극히 드물다고 해야 할 것입니다.

김태완 선생은 "빛(깨달음)을 얻었으면 어둠 속의 버릇을 바꾸는 일을 해야 하는데, 그게 바로 보림입니다. 빛을 봤다고 해서 분별의 흔적이 하루아침에 없어지고 온 우주가 빛으로 충만해 있는 게 아니에요. 분별의 흔적인 아상은 여전히 남아있습니다. 그리하여 한 순간 한 순간 여기에 머물러 어긋나지 않는 것이 바로 보림이라는 공부입니다"라고 하였습니다.[3]

깨달음에 머물러 어긋나지 않게 하려면, 생소한 것이 익숙해지고 익숙한 것이 낯설어지려면 또 다른 수행법이 필요한 것이 아닙니다.

깨달았지만 생소한 불성의 상태에서 중생의 상태로 자꾸 회귀하는 것을 반복하며, 계속 바라보는(觀) 무위의 행을 해야 하는 것입니다.

---

2) 대혜종고(무비 역해), 이것이 간화선이다, 민족사, 2013, 330면 : 견성과 깨달음이 완전히 충만하여 원융무애한 상태, 성불을 말한다.
3) 김태완, 선으로 읽는 대승찬, 침묵의 향기, 2008, 111면.

실제로는 늘 관(觀)하는 것입니다.

관(觀)하는 사람은 없습니다.

그냥 '관(觀)' 그 자체입니다.

일어나는 생각과 행동을 바라볼 뿐입니다.

생각과 행동은 내가 아닙니다.

깨닫고 난 뒤에도 생각에 대한 집착은 여전히 일어납니다.

그렇게 오랫동안 살아왔기 때문입니다.

하지만 이제는 압니다.

생각이 내가 아니고 나의 소유물이 아니라는 것을 압니다.

깨닫고 나서 정견(正見)이 이루어진 후 이제 공부가 시작됩니다.

보림은 습기가 사라지는 과정입니다.

잭 콘필드는 이러한 습기들을 깨달음 이후의 빨랫감이라고 하였습니다.[4]

---

4) 잭 콘필드, 깨달음 이후의 빨랫감, 한문화, 2011.

깨달음(覺)을 얻은 것도 환상이다

'돈오돈수, 돈오점수'는 한번쯤 들어본 적이 있겠지요.

'돈오돈수'는 즉각 깨달으면 즉각 수행이 완성된다는 뜻이고, '돈오점수'는 즉각 깨닫지만 점진적인 수행이 필요하다는 뜻입니다.

성철 스님이 '돈오돈수'를 강하게 주창한 이래 불가에서 큰 논쟁이 일어난 바가 있습니다.

어느 쪽이 맞다는 얘기를 전개할 마음은 전혀 없습니다.

언어로의 논쟁은 사실 그리 의미가 없습니다.

깨닫고 보면 절로 알 일입니다.

논쟁이 벌어지는 이유는 '돈', '오', '점', '수'에 대하여 벌써 각자의 생각이 다르기 때문입니다.

여기서 하나 더 '무오무수(無悟無修)'를 얘기할까 합니다.

깨닫고 보면 깨달음도 수행도 본래 없다는 뜻이지요.

깨닫고 보면 깨달음도 수행도 망상입니다.

깨달음과 수행이라는 말에는 필연적으로 '나'라는 주체가 있습니다.

'나'가 없는 데 누가 깨달았고 수행했단 말입니까.

그러므로 깨달음을 얻은 것도 지나가는 바람처럼 나타났다 사라지는 환상일 뿐입니다.

무오무수(無悟無修)입니다.

3 이즉돈오 사비돈제(理卽頓悟 事非頓除)

이즉돈오(理卽頓悟)라 승오병소(乘悟倂消)어니와, 사비돈제(事非頓除)라 인차제진(因次第盡)이로다.

이 말은 능엄경의 한 구절입니다.

이치는 단박에 깨닫는 것이니 깨달으면 모두 녹지만, 수행하는 일은 단박에 제거하지 못하므로 차례차례 없어진다는 뜻입니다.[1]

황정원 교수는 '사비돈제'의 '사'를 수행하는 일이라고 풀이하였는데, '현실 또는 업장'이라고 보아도 무방합니다.

이는 '돈오점수'와 그 뜻이 상통한다고 볼 수 있습니다.

깨닫고 나면, 깨닫기 전의 기대나 환상이 전부 사라집니다.

오히려 허탈함에 빠지기도 하고, 깨달음의 상태에 대해 익숙해지는데 어려움을 느낍니다.

그래서, 다시 오음이 성행하는 중생의 길로 다시 돌아가기도 합니다.

깨달았는데도 여전히 술을 찾게 되고 담배를 피우고 이성에 대한 호기심이 그대로인 걸 안다면 지나온 구도의 길이 덧없음을 느낄 수도 있겠지요.

---

1) 황정원, 우리말 능엄경, 운주사, 2015, 498면.

하지만, 견성하고 나면 남아있는 업장이 세밀한 부분까지 드러납니다.

과거보다 더 심하게 나타날 수도 있습니다.

하지만 무위의 행으로 내버려두면 나타났다 사라짐을 반복하다 끝내는 없어집니다.

없어졌다기 보다는 없음을 명백하게 아는 것이지요.

선사들도 견성한 후에도 수년 혹은 수십 년간 업장이 사라지는 보림의 과정을 거쳐 마침내 불성에 완전하게 계합한 것입니다.

누구도 모릅니다.

자신만이 압니다.

4 참나의 상태

방안이 보입니다.
소파가 있고 내[1]가 앉아 있습니다.
텔레비전을 바라봅니다.

1초 전의 소파는
나는
텔레비전은 존재하지 않습니다.
변하고 있습니다.
변하지 않는 것은 없습니다.

걷습니다.
눕습니다.
달립니다.
앉습니다.
나는 없습니다.

물안개가 피어났다고 해서 어제와 같은 물안개가 아닙니다.
어제의 나는 오늘의 나도 내일의 나도 아닙니다.

---

1) 여기서의 '나'는 개별적 나이다.

나는 '물안개'입니다.
나는 '아'입니다.
나는 '슬프다'입니다.

나는 '꿈속의 나비'입니다.

5 산란한 생각을 없애라

깨달음을 얻기 위해서도 유위(有為)의 수행은 그리 의미가 없다고 말씀드렸습니다만, 깨달음 이후 보림의 과정에서는 당연히 유위의 수행은 없습니다.

유위란 의지나 의식, 방편을 가지고 행하는 것을 말합니다.
유위란 인연법에 의지하여 행하는 것을 의미합니다.
유위란 '이러이러 했으니 이렇게 된다'는 마음을 가지고 행하는 것입니다.

그러면 깨달음 이후 무위(無為)의 행은 어떠할까요.
행함이 없는 행입니다.

범어사의 지유 스님은 단지 '산란함을 없애라'고 하였습니다.
없애라는 표현이 인위적인 것 같지만 없애라는 의지적 표현이 아닙니다.

"눈앞을 자연스럽게 보라. 생각이 없으면, 산란함이 없으면 불상이 보이고 흰벽이 보이고 산과 물이 보인다. 산란한 생각 때문에 보이지 않았던 것이다. 문득 생각에서 벗어나야 귀로 듣고 모양을 볼 수 있다."[1]

산란한 생각을 없애거나 억지로 일어나지 않게 하는 것이 아닙니다.
길가의 잡초는 돌로 누른다고 해서 없어지는 것이 아닙니다.

생각은 집착이 없으면 사라집니다.
생기고 사라지고 생기고 사라집니다.
생기고 사라지는 연기를 알면 생각에 무심해집니다.

도(道)는, 마음은, 깨달음은 산란한 생각이 없으면 나타나는 모든 일체입니다.
보고 듣고 느끼고 생각하는 모든 것이 도입니다.

지유 스님의 말은 깨달음을 위해서도 좋은 방편이지만, 무위의 행으로써 오랜 습기를 희미하게 만들고 결국 사라지게 하는 데 좋은 보림의 행입니다.

늘 눈 앞의 세상이 확연하게 저절로 보이면 됩니다.

---

1) 지유 스님, 2021년 1월 23일 법문 "있는 그 자리에서 깨어 있으면 진리를 보게 된다", 불교평생교육원 유튜브방송.

가만히 있으세요

방편으로서 '시각(始覺)'이 필요하다는 임제종과 달리, 원래 '본각(本覺)'이므로 시각이 필요없다는 조동종이 있습니다.

시각(始覺)은 최초의 깨달음의 순간을 의미하고, 본각(本覺)은 깨달아 있는 상태를 말합니다.

조동종의 종풍의 특색은 세상에 나서길 꺼려하며, 고목중이라 불릴 정도로 마치 고목처럼 오로지 좌선에 전념하는 것입니다.
이런 수행법을 묵조선이라고 합니다.[1]
조동종의 취지는 원래 부처이므로 다른 유위적인 방법없이 단지 묵묵히 앉아 자신의 본성을 관조하는 것이 맞다는 것입니다.

임제종이 강조한 '시각'도 사실 본각으로 연결됩니다.
깨닫고 보면 시각도 본각이었다는 말입니다.
시각은 망상이면서 본각의 일부입니다.
알고보면 깨달은 순간도 깨달은 자도 모두 신기루일 뿐입니다.
임제종이나 조동종이나 결국 깨달음에 있어서는 동일한 것입니다.

---

1) 다음백과사전, 2021년 7월 27일 방문.

현대 서구의 유명한 영성가이자 선각자로 활동하고 있는 무지(Mooji)도 "서두르지 마세요. 지금은 가만히 있을 시간입니다. 집으로 가서 침낭속에 들어가 지퍼를 꼭 채우세요. 그저 자신의 참자아 속에 푹 잠겨있으세요. 우리는 무엇을 더 배울 필요가 없습니다"라고 얘기합니다.[2]

무지(Mooji)는 완벽하게 허공같으면서도 살아있는 참자아[3] 속에서 편견이나 집착을 일으키는 어떠한 생각이나 행동없이 가만히 있으라고 합니다.

참자아에 익숙해라는 뜻이겠지요.

가만히 있으라는 것이 단순히 움직임을 멈추고 고요속에 머물러 적막을 즐기라는 것이 아닙니다.

삼조 승찬 대사도 "움직이는 것을 멈추어 멈춘 데로 돌아가려 하면 멈춘 것이 다시 더욱 움직인다"라고 하였습니다.[4]

이대로가 전부라는 것을 체화시켜야 합니다.

황벽 선사는 "다만 인연따라 옛 업을 녹여 없애면서 다시는 새로운 재앙을 만들지 마라. 그러면 마음속이 밝고 밝을 것이다. 그러므로 옛날의 견해를 전부 반드시 내버려야 한다"라고 했습니다.[5]

깨달은 이후에도 묵은 습관이나 업은 여전히 남아있습니다.

다만 습관이나 업이 모두 나타났다 사라지는 바람(風)같은 것인데 좀 오래 머물고 있는 바람(風)이라는 것을 알게 됩니다.

깨닫고 나면 예전처럼 스스로를 괴롭게 한 모든 과거나 나쁜 습관에 머무는 시간이 줄어듭니다.

---

2) 무지(Mooji), '드높은 하늘처럼, 무한한 공간처럼', 정신세계사, 2020, 332면.
3) 불성을 의미.
4) 대혜종고(무비 역해), 이것이 간화선이다, 민족사, 2013, 300면.
5) 김태완 역주, 황벽어록, 침묵의 향기, 2013, 160면.

깨닫고 난 뒤 보림의 과정은 조동종이나 무지(Mooji) 그리고 황벽선사의 뜻이 흡사합니다.

어떠한 행위나 의지를 표현하지 않고 무위의 행을 강조하는 이러한 수행은 깨닫고 난 뒤 늘 필요합니다.

시간이 얼마나 걸릴 것인지는 오로지 본인에게 달려 있습니다.

최초 깨달음이 분명할수록 이 시간은 줄어들 것이고, 낯설었던 불성이 확연히 전면으로 나서게 되어 지금까지의 중생으로서의 삶의 행태가 바뀌게 되겠지요.

불가에서 최고의 경지라고 일컫는 '사사무애(事事無碍)'[6]의 삶이 될 것입니다.

---

6) 화엄교학의 법계관으로서, 현실의 각각의 존재들이 서로 원융상즉(圓融相卽)하는 연기관계에 있다는 세계관을 말한다.

7 견성성불(見性成佛)

불가에서 가장 소원하는 바는 견성성불이지요.

나의 본성을 바로 보고, 부처처럼 삶과 죽음의 굴곡에서 벗어나 깨달은 자로서 살아가는 것입니다.

대혜종고 선사는 견성성불의 모습으로 "인연따라 무애하며 뜻대로 자유자재하고, 행주좌와의 일상생활 속에서 번뇌에 시달리지 않으며, 깨어 있을 때나 잠을 잘 때에도 한결같으며, 전과 같이 사는 일에 바쁘게 움직이지 않고, 생사심(生死心)이 사라진다"고 표현하였습니다.[1]

제프 포스터는 "깨달음은 물결을 통제하는 것이 아닙니다. 현재의 경험을 피하는 게 아닙니다. 깨달은 사람임을 증명하는 게 아닙니다. 당신의 힘은 삶의 받아들임입니다. 당신은 이 받아들임을 할 필요가 없습니다. 당신이 본래 그 '받아들임' 자체입니다"라고 하였습니다.[2]

달마 대사는 "만약 범부로 성인의 경지에 들고자 한다면 업을 쉬고 정신을 길러 분수에 맞게 세월을 보낼지어다. 성냄과 기뻐함이 많으면 도와 더불어 어긋나니 스스로를 속일 뿐 이익이 없느니라"고 하였습니다.[3]

---

1) 대혜종고(무비 역해), 이것이 간화선이다, 민족사, 2013, 142면.
2) 제프 포스터, 가장 깊은 받아들임, 2019, 346면.

견성성불은 본래의 모습으로 돌아가는 여정입니다.

우리 모두는 원래 부처였고 부처입니다.

당신은 본래 생노병사에서 자유롭고 영원한 존재 '있음' 자체입니다.

하지만 단지 나고 죽을 때까지 자신의 본성을 아직 보지 못했을 뿐입니다.

부디 견성하십시오.

견성하시고 새롭게 자각한 불성에 익숙하길 힘쓰고, 개별적 자아의 묵은 습을 버리십시오.

힘쓰고 버리라고 하였지만 실제는 힘쓰고 버리는 유위는 없습니다.

견성하고 본래의 불성에 모든 것을 완전히 맡기면 성불입니다.

견성 이후 성불(돈오점수)하기도 하고 견성성불이 동시(돈오돈수)에 이루어지기도 합니다.

근기에 달려 있습니다.

---

3) 혜암현문(편저), 묘봉(역), 생사해탈의 관문 선문촬요(e−book), 비움과 소통, 2013, 57면.

8 심우도(尋牛圖)

절에 가보면 법당의 사면에 그린 심우도를 보신 적이 있을 것입니다.

10개의 벽화로 이루어져 있어 십우도(十牛圖)라고도 하지요.

찾는 소(牛)는 마음, 법, 불성, 참나를 상징합니다.

이 벽화의 여정은 견성하여 성불을 완성하는 과정을 일목요연하게 표현한 명장면들입니다.

깨달음의 단계별 조감도라고 할 수 있습니다.

목우(牧牛) 이후의 단계는 거론할 실익이 별 없습니다.

깨닫고 난 후(悟後) 성불의 경지는 누구도 모릅니다.

대개 선사들은 깨달음을 주는 법보시 외에는 말을 아낍니다.

깨달음도 깨달은 사람도 없는 세계입니다.

영가 스님은 "사람(중생)도 없고, 부처도 없다. 삼천대천세계는 바다 가운데 물거품이요, 일체 성현은 번갯불과 같다"고 하였습니다.[1]

---

1) 대혜종고(무비 역해), 이것이 간화선이다, 민족사, 2013, 314면 : 대혜 스님은 이와 같은 경지를 잘못 이해하여, 알음알이를 내거나, "일체가 다 없다"고 단정하거나, "장차 모든 부처님과 모든 조사가 말씀하신 가르침들이 다 허위다"라고 하는 사람들을 미혹한 사람들이라고 하며 경계한다.

밥먹고 일하고 잠잡니다.

(1) 심우(尋牛, 소를 찾다)

석가모니가 그토록 원했고 결국 성취한 불성이 무엇인가, 죽음을 초월할 수 있는 깨달음이 과연 무엇인가 찾는 마음이 싹틉니다.

정보의 홍수 속에서 옳다고 나름대로 판단하고 찾은 수행을 시작하기도 하고, 책을 읽기 시작합니다.

어렵습니다.

몸과 마음도 지쳐가기 시작합니다.

대부분의 사람들은 보통 신심(信心)없이 가벼운 지적 호기심으로 깨달음을 찾아보기에 이 단계에서 끝이 납니다.

자신에 대한 무의식적인 의기소침함 때문입니다.

세속적 윤리기준에 적절하게 의지하고 살아가면 될 것이라는 막연함의 기대 때문입니다.

깨달은 사람들의 이야기를 우화로 치부하기 때문입니다.

(2) 견적(見跡, 자취를 보다)

이것 저것 기웃거리고 따라해보고 시행착오를 거듭하다가 깨달음에 이르는 길이 어렴풋하게 보이기 시작합니다.

무엇인지는 몰라도 있다는 것을 확신하게 됩니다.

시간이 얼마나 걸릴지 몰라 포기하고 원래의 삶으로 돌아가고 싶은 마음도 있습니다.

자포자기 직전입니다.

이 생에 인연이 없다고 생각하기도 합니다.

(3) 견우(見牛, 소를 보다)

몸과 마음이 지쳐 아득하지만 깨달음에 대한 한가닥 끈만 겨우 남아있습니다.

계속되었던 수행도 책에 대한 이해에 대한 열망도 사라집니다.

지독하게 우연히 무심(無心)이 자리잡은 순간, 희열이 찾아옵니다.

아, 이런 것인가.

일종의 일견(一見)입니다.

하지만 그 순간은 야속하게도 머물지 않고 떠나갑니다.

깨닫고 보면 이 순간은 대개 환상인 경우가 많습니다.

간절함이 원하는 현상을 불러일으키는 것이지요.

일견(一見)하면 분심과 신심이 다시 맹렬하게 일어납니다.

하지만 일견의 순간에 느낀 강렬함에 오래동안 사로잡혀 있을 수도 있습니다.

이러한 느낌과 경험은 반드시 사라집니다.

여기에 오래 머물면 안됩니다.

깨달음에 대한 지독한 논쟁은 대개 이러한 경험을 가진 사람들 사이에서 일어납니다.

맹인들이 코끼리의 다른 부위를 만져보고 이것이 코끼리라고 주장하는 우화와 같습니다.

코끼리를 본 사람은 보지 못한 사람과 논쟁하지 않습니다.

대혜종고 스님은 "깨달음에 대하여 말한다면 다른 사람에게 보일 수 없으나 이치로 설명하려면 깨닫지 않고는 밝히지 못한다"고 하였습니다.[2]

(4) 득우(得牛, 소를 잡다)

몸과 마음에 대한 집착이 사라져가고 있습니다.

이런저런 일들이 그저 그렇게 지나갑니다.

깨달음에 대한 확신은 늘 있습니다.

화두를 들기도 하고, 염불에 집중하기도 하고, 참선하기도 하고, 법문을 듣기도 하고 경전을 읽기도 합니다.

모든 것은 방편입니다.

백척간두 진일보의 순간이 다가옵니다.

의식적이든 무의식적이든 집착하고 있는 것들을 내려놓는 순간이 다가옵니다.

어떤 모습으로 그 순간이 다가올지는 사람마다 다르기에 알 수 없습니다.

산책하다 야생의 들국화를 바라보는 순간, 산길을 걷다 푸드득 꿩이 날아가는 소리가 들리는 순간일 수도 있습니다.

외부의 자극이 그 순간을 가져오는 것이 아니라, 모든 것을 내려놓은 하심(下心)의 상태가 이루어진 것이 중요하다고 봅니다.

줄탁동시(啐啄同時)입니다.

견성이 이루어집니다.

(5) 목우(牧牛, 소를 길들이다)

드디어 소를 보았습니다.

---

2) 대혜종고(무비 역해), 이것이 간화선이다, 민족사, 2013, 305면.

소가 내 것인 것 같습니다.
소유물이 된 소에 대한 찬란한 미래가 떠오릅니다.

근데 어떡할까요.
소를 보았는데도 슬픔, 괴로움, 들뜸 등 모든 감정이 그대로 떠오릅니다.
깨달은 부처의 모습과도 여전히 거리가 있습니다.

경허 선사도 깨달은 이후 보조지눌 선사 앞에서 참회의 절을 올렸다는 일화가 있습니다.
'코구멍이 없는 소'라는 말로 유명한 경허 선사가 득오한 이후 왜 보조지눌 선사 앞에서 참회하였을까요.

견성하면 보림의 시작입니다.
탐진치의 삼독이 몸에서 완전히 빠져나가지 않았습니다.
생처방교숙하고 숙처방교생이 계속되어야 합니다.
천방지축같은 몸과 마음이 하나로 되고 날뛰지 않아야 합니다.

시간이 얼마나 걸릴지는 아무도 모릅니다.
깨달은 선사들도 소를 길들이기까지 대개 10여 년의 시간이 넘게 소요되었다고 합니다.
다시 어두운 밤이 찾아왔다고도 할 수 있습니다.
다만 이전(以前)과는 다른 밤이겠지요.

소를 길들이는 것(牧牛)은 진정한 무위의 행이 지속되는 것을 의미합니다.

(6) 기우귀가(騎牛歸家, 소를 타고 집으로 돌아가다)

어떤 일을 하여도 무애(無碍)합니다.

하고 하지 않음에 있어서도 자유롭습니다.

마음에 남아있지 않아 과거도 미래도 없습니다.

머리만 붙이면 잠이 듭니다.

(7) 망우존인(忘牛存人, 소는 잊고 사람만 있다)

깨달음 이전과 이후가 없습니다.

깨달음도 없습니다.

길들이고 다루었던 것이 간데없이 없습니다.

무엇을 찾아 쫓았던 것일까요.

(8) 인우구망(人牛俱忘, 소도 사람도 모두 잊다)

나도 법도 없습니다.

산은 푸릅니다.

산새는 울고 있습니다.

바람이 붑니다.

생각이 날아갑니다.

(9) 반본환원(返本還源, 근원으로 돌아가다)

시작도 끝도 없습니다.

있으면서도 없습니다.

암자 밖은 없습니다.

중도입니다.

0도와 360도는 같으면서 다릅니다.

(10) 입전수수(入廛垂手, 저자에 들어가 손을 드리우다)

유희삼매입니다.

행하는 처처가 보시입니다.

걸인에게 먹을 것을 건네는 손은 어느새 없습니다.

모두가 나입니다.

제 7 장

결론 :
결국 아무것도 없다

무상무공무불여(無相無空無不空)이여
즉시여래진실상(卽是如來眞實相)이로다.
상도 없고 공도 없고 공하지 않음도 없음이여
그것이 곧 여래의 진실한 모습이로다.[1]

결국 아무것도 없습니다.

깨달음의 체험도 생각이고 환상입니다.
깨달음은 없습니다.
바라보이는 세상도 생각·감정·오감도 모두가 하나입니다.
참나라는 대상은 없습니다.
현상계에서의 분별하는 마음으로서 보이는 참나는 없습니다.

모두가 크든 작든 깨달음을 꿈꿉니다.
깨달음을 꿈꾸는 것도 생각이요 꿈입니다.
나비도 꿈을 꾸고 나도 꿈을 꿉니다.
나비도 나도 한바탕인 것을.
꿈도 꿈꾸는 자도 존재하지 않는 것을.
나는 없습니다.

나와 세상은 같이 생겨나고 같이 사라지는 신기루입니다.
연기(緣起)해서 일어나는 모든 것은 색이되 공입니다.

나도 있고 세상도 있습니다.

---

1) 무비(강설), 무비 스님의 증도가강의, 조계종출판사, 2014, 207면.

내가 없기에 세상도 없습니다.

하나뿐인 연기(緣起)의 아름다움이여.
이름조차 붙이지 못할 공적영지(空寂靈知)의 아름다움이여.

참고문헌

고봉(설우강설), 선요上(선사의 체험으로 풀어내다), 조계종출판사, 2014.

고익진, 한글아함경 '불설중본기경', 담마아카데미, 2014. 7. 10.

김선숙, 명상의 필요성과 양자물리학의 관찰자효과와의 관련성에 관한 연구 : 관찰자효과의 명상교육에의 활용을 중심으로, 한국정신과학학회 제38회 2013년도 춘계학술대회 논문집, 2013. 5.

김태완, 선으로 읽는 신심명, 침묵의 향기, 2010.

김태완, 황벽어록, 침묵의 향기, 2013. 8. 17.

김태완, 임제어록, 침묵의 향기, 2018. 10. 30.

김태완, 선으로 읽는 대승찬, 침묵의 향기, 2008.

대원 스님, 진흙속에서 달이 뜨네, 불광출판사, 2021.

대혜종고(무비 역해), 이것이 간화선이다, 민족사, 2013.

대혜종고(석영곡 옮김), 정법안장上, 비움과 소통, 2017.

묘봉, 육조단경 선해(e-book), 비움과 소통, 2012. 3. 16.

무비 스님, 직지강설(상), 불광출판사, 2012.

무비 스님, 증도가강의, 조계종출판사, 2014.

무비 스님, 유마경, 민족사, 2013.

법륜, 법륜 스님의 금강경 강의, 제32 응화비진분, 정토출판, 2015.

법륜, 금강반야바라밀경, 정토출판, 2015.

안동림(역주), 벽암록, 현암사, 2015.

원오극근(석지현 역주), 벽암록2, 28칙, 민족사, 2013. 6. 25.

천목중봉(원택 감역), 천목중봉 스님의 산방야화 '선을 묻는 이에게', 장경각, 2017.

한자경, 선종영가집강해, 불광출판사, 2016. 2.26.

혜암현문(편저), 묘봉(역), 보조국사 수심결(e-book), 비움과 소통, 2013. 1. 12.

혜암현문(편저), 묘봉(역), 생사해탈의 관문 선문촬요(e—book), 비움과 소통, 2013. 1. 12.

황정원, 종경록과 마음, 광거재, 2015. 6. 16.

황정원, 불교와 마음, 산지니, 2013. 6.10.

황정원, 우리말 능엄경, 운주사, 2015.

무지(Mooji), '드높은 하늘처럼, 무한한 공간처럼', 정신세계사, 2020.

아디야 산티, 깨어남에서 깨달음까지, 정신세계사, 2011.

우오가와 유지, 깨달음의 재발견, 조계종출판사, 2017 3. 27.

유발 히라리, 호모데우스 미래의 역사, 김영사(e북), 2017.

잭 콘필드, 깨달음 이후의 빨랫감, 한문화, 2011.

제프 포스터, 가장 깊은 받아들임, 침묵의 향기, 2019.

카마타 시게오(장휘옥역), 한권으로 읽는 화엄경이야기, 불교시대사, 2015.

John Wheeler, You were never born, Non—Duality Press, 2004.

몽지릴라 선공부 모임밴드의 게시글.

지유 선사 범어사 결·해제 법문(유튜브).

지유 스님 문경관음사 정기법회 법문(유튜브).

지유 스님, 불교평생교육원 법문(유튜브), 2021년 1월 23일.

깨달음에 도움이 되는 책

김기추, 도솔천에서 만납시다, 판미동, 2017.

김기태, 지금 이대로 완전하다, 침묵의 향기, 2013.

혜암현문(편저), 묘봉(역), 선문촬요(e−book), 비움과 소통, 2013.

혜암현문(편저), 묘봉(역), 보조국사 수심결(e−book), 비움과 소통, 2013.

심성일, 이것이 선이다. 침묵의 향기, 2017.

심성일, 이것이 그것이다, 침묵의 향기, 2016.

심성일, 열 번째 돼지찾기, 침묵의 향기, 2015.

아디야 샨티, 깨어남에서 깨달음까지, 정신세계사, 2011.

아디야 샨티, 참된 명상, 침묵의 향기, 2019.

아잔차, 반조·마음을 비추다I·II, 문학동네, 2017.

에크하르트 톨레, 지금 이순간을 살아라, 양문, 2008.

윤홍식·오병문, 마음챙김의 지혜100, 봉황동래, 2007.

윤홍식, 윤홍식의 수심결강의, 봉황동래, 2007.

이원규, 깨어있기, 히어나우시스템, 2009.

임순희, 아줌마와 선, 침묵의 향기, 2016.

임순희, 나는 여자도 아니고 남자도 아니다 모든 것이다, 불광출판사, 2020.

천목중봉(원택 감역), 선에 대한 이런저런 이야기, 장경각, 2017.

데이비드 갓맨, 마하리시의 '있는 그대로', 한문화, 2018.

잭 콘필드·폴 브라이터, 아잔차 스님의 오두막, 침묵의 향기, 2019.

제프 포스터, 경이로운 부재, 침묵의 향기, 2009.

그 외 다수.

김웅규

1966년 김해에서 태어나 부산에서 자랐다.
서울대 법대를 졸업하고
미국 Washington University에서 석·박사학위를 받았으며
충북대 법학전문대학원에서 법학교수로 재직중이다.
헌법학을 강의하고 있다.

覺(각)

초판발행	2021년 11월 10일
지은이	김웅규
펴낸이	안종만·안상준
편 집	우석진
기획/마케팅	김한유
표지디자인	이수빈
제 작	고철민·조영환
펴낸곳	(주)**박영사**
	서울특별시 금천구 가산디지털2로 53, 210호(가산동, 한라시그마밸리)
	등록 1959. 3. 11. 제300-1959-1호(倫)
전 화	02)733-6771
f a x	02)736-4818
e-mail	pys@pybook.co.kr
homepage	www.pybook.co.kr
I S B N	979-11-303-1412-9 03220

copyright©김웅규, 2021, Printed in Korea

정 가   14,000원